SOCIOPSICOMOTRICIDADE RAMAIN-THIERS

Uma leitura emocional, corporal e social

Dados Internacionais de Catalogação na Publicação (CIP)
(Câmara Brasileira do Livro, SP, Brasil)

Thiers, Solange
  Sociopsicomotricidade Ramain-Thiers: uma leitura emocional, corporal e social / Solange Thiers. — 2. ed. rev. e atual. — São Paulo : Casa do Psicólogo, 1998

  Vários colaboradores
  Bibliografia.
  ISBN 85-7396-010-8

  1. Psicometria - Aspectos Sociais   2. Método Ramain-Thiers   I. Título

98-0530   CDD-152.3

Índices para catálogo sistemático:

1. Método Ramain-Thiers: Sociopsicomotricidade : Psicologia 152.3

Editor: Anna Elisa de Villemor Amaral Güntert

Preparação de originais: Ruth Kluska Rosa

Diagramação e composição: Arte Graphic

Sociopsicomotricidade Ramain-Thiers

Uma leitura emocional, corporal e social

2ª Edição revista e atualizada

Solange Thiers e colaboradores

Angela Maria de Albuquerque Duarte (RJ)
Elaine Thiers (RJ)
Elisabete Cerqueira mancebo (RJ)
Jussara Teixeira Orlando (DF)
Maria Cristina Soares Fachinni (SP)

Casa do Psicólogo ®

© 1998 Casa do Psicólogo® Livraria e Editora Ltda.

Reservados os direitos de publicação em língua portuguesa à
Casa do Psicólogo Livraria e Editora Ltda.
Rua Alves Guimarães, 436 – CEP 05410-000 – São Paulo – SP
Fone (011) 852-4633   Fax (011) 3064-5392
E:mail:Casapsi@uol.com.br
http://www.casapsicologo.com.br

É proibida a reprodução total ou parcial desta publicação, para qualquer
finalidade, sem autorização por escrito dos editores.

Impresso no Brasil / *Printed in Brazil*

in memorian
SIMONNE RAMAIN
1900 - 1975

*O legado maior que você nos deixou em vida foi a
descoberta de que, trocando as cores do lápis,
podemos recomeçar e encontrar um novo caminho.*

Nossa saudade!

Solange

DEDICATÓRIA

... aos que, no tempo, pararam na estrada,
aos que hoje caminham perto de nós,
também aos que, ainda de longe,
partilham do nosso movimento,
a todos, enfim, que nos venham procurar
um dia ... quem sabe?
para se reencontrar...

AGRADECIMENTO ESPECIAL

Dr. Gregório Baremblitt...

O grande incentivo à produção teórica veio de você.

O apoio irrestrito com orientações técnicas e subsídios bibliográficos também veio de você.

As condições de saúde psíquica eu descobri em mim com a sua ajuda.

Ao analista e amigo: obrigada!

Solange

AGRADECIMENTOS

- Às amigas que contribuíram para a organização deste livro: Angela, Elaine, Elisabete (Bete), Jussara e Maria Cristina (Kitty).

- Aos meus clientes de consultório e dos vários grupos que atendi em formação profissional, que confiando suas histórias de vida foram agentes desencadeantes da transformação.

- À amiga Sonia Grubits, pelo constante incentivo e participação no desenvolvimento científico da metodologia Ramain-Thiers.

- À Marilene Verão, membro da equipe de Supervisores de Mato Grosso do Sul, pela cessão de sua foto para ilustrar este livro.

- A um grupo de formação do Rio de Janeiro, pela confiança e disponibilidade, autorizando-me a exposição de seus trabalhos.

- À Márcia Pinheiro, que fotografou com arte, detalhes e carinho o material exposto neste livro.

- À Elaine e Bete, que pacientemente fizeram a revisão teórica e técnica deste material, com competência, dedicação e críticas construtivas.

- À Angela Duarte, que carinhosamente colaborou na revisão desta 2ª edição.

- A Heitor Thiers, marido, amigo, constante colaborador: o arquiteto que desenhou todo o material Thiers.

- À Elaine, a filha que conviveu comigo as horas boas e más: pela qualidade de relação.

- A meus pais Suely e Antônio.

Solange

ÍNDICE

APRESENTAÇÃO XV

PRÓLOGO XVII

CAPÍTULO I
A ESTRUTURA DA SOCIOPSICOMOTRICIDADE RAMAIN-THIERS

1. A Construção do Sujeito Social 23

2. A Leitura Simbólica dos Desenhos e Material Thiers 29

3. O Sociopsicomotricista
— Sua Identidade como Terapeuta 41

Bibliografia 47

CAPÍTULO II
A COMPREENSÃO DA PSICOMOTRICIDADE À LUZ DA PERSPECTIVA SOCIOPSICANALÍTICA

1. Objetivos do Trabalho Corporal em Ramain-Thiers 51

2. Desenvolvimento Psicomotor — Abordagem Dinâmica 53

3. A Leitura Corporal na Sociopsicomotricidade Ramain-Thiers ... 61

4. O Processo Criativo e a Sociopsicomotricidade Ramain-Thiers ... 65

5. Orientação Quanto à Escolha de Propostas Corporais 69

6. A Sessão Propriamente Dita: Possibilidades e Limites 71

7. Psicomotricidade — Uma Abordagem Dinâmica 75

8. Corpo x Movimento 81

9. O Corpo Mnêmico 83

10. Estar em Contato 85

11. Reflexão 87

Bibliografia 89

CAPÍTULO III
PROPOSTAS DE TRABALHO CORPORAL EM RAMAIN-THIERS

1. Propostas Corporais de Base 95

2. Trabalho Corporal para Crianças e Pré-Adolescentes 111

3. Propostas para Conscientização e Limite Corporal 119

4. Propostas de Trabalho Corporal para Adolescentes e Adultos 127

Bibliografia 135

CAPÍTULO IV
MATERIAIS INTERMEDIÁRIOS — SIGNIFICADO EMOCIONAL DE VIVÊNCIA

1. Materiais para Trabalho Corporal 139

2. Materiais Intermediários para Trabalho Corporal 141

3. Aromas e Óleos 155

Bibliografia 159

FIGURAS 161

CURRICULUM VITAE 165

APRESENTAÇÃO

Já foram muitas as oportunidades em que tenho apresentado livros, porém devo confessar que nunca, como nesta ocasião, senti-me tão honrado e perplexo ao mesmo tempo.

Honrado, por ter tido a felicidade de ser o escolhido para esta grata tarefa pela criadora e principal autora do método Ramain-Thiers e do texto que será lido em seguida. Isto por si só é motivo de orgulho para mim. Considero-me um amigo da Dra. Solange Thiers, em cuja formação profissional creio ter contribuído desde o IBRAPSI (Instituto Brasileiro de Psicanálise, Grupos e Instituições), e ao longo de nosso trabalho psicoterapêutico.

Perplexo, porque, se tivesse que apresentar a personalidade da autora, seria simples dizer que se trata de uma pessoa séria e inteligente, dotada de uma grande vocação inventiva, e às vezes de uma especial força de luta em defesa de suas idéias. Introduzir à leitura de seu livro resulta-me uma missão para qual não me sinto capacitado. Trata-se de uma corrente complexa, composta de uma teoria, um método e técnicas *sui-generis*, que não conheço tanto quanto seria necessário.

Apesar de ter tido contatos com a organização Ramain-Thiers, não tenho podido aprofundar-me o suficiente no interessante trabalho que os especialistas realizam, tanto no Rio de Janeiro como em diversos outros Estados.

Permito-me dizer, no entanto, que entendo esta "Leitura emocional, corporal e social" como um procedimento dotado de uma aspiração transdisciplinária e de uma inspiração singular para abordar o trabalho das alterações da motricidade "fina". Se fosse preciso julgar esta tendência só por essas características, isto já me permitiria situá-la em uma posição privilegiada e que venho preconizando há mais de trinta anos para toda e qualquer abordagem "psico-social-corporal", tanto em pesquisa teórica quanto em prestação de serviços. Tendo passado por todo tipo de abordagem ortodoxa, em cada uma das disciplinas acima mencionadas (cuja integração considero indispensáveis), tenho chegado à firme conclusão de que, assim como nenhuma delas é prescindível, as mesmas devem estar integradas em torno de práxis originais e próprias. Neste tipo de empreendimento, o rigor não tem por que estar separado da versatilidade nem da criatividade.

Pela leitura deste texto, tenho a impressão de que a proposta, que já acumula uma longa e fecunda experiência, tem ainda um caminho a percorrer no que diz respeito ao refinamento e sofisticação das suas bases transdisciplinares. Creio constatar também que a singularidade da sua prática lhe garante uma criatividade digna de ser cultivada.

Parabenizo aos agentes Ramain-Thiers por este primeiro volume, que desejo ser o começo de uma longa série, e lhes agradeço por terem se lembrado de mim como simpatizante-aliado-mestre que sempre esteve mais interessado em acompanhar aos que criam o novo (por mais arriscado que seja) do que consagrar a repetição escolástica do velho (por mais ilustre que se autodeclare).

Dr. Gregorio Baremblitt...

Tradução: Adriana Hohr

PRÓLOGO

Durante muitos anos acalentei o desejo de transmitir a minha experiência de vida profissional não só em palestras, congressos e cursos, como fiz inúmeras vezes, mas também de forma efetiva, escrevendo um livro.

Este livro é fruto de uma longa jornada, que começou quando conheci Simonne Ramain, a introdutora da Psicomotricidade no Brasil, de quem guardo um carinho especial.

Naquele tempo, eu era terapeuta da palavra e vivia com outros profissionais a necessidade de trabalhar as nossas próprias dificuldades psicomotoras, a fim de melhor atender às crianças que eram nossas clientes. Foi através da nossa demanda, uma necessidade de trabalho pessoal, que chegou ao Rio de Janeiro o Método Ramain, trazido da França pela própria Simonne Ramain e equipe francesa. Nós eramos um grupo de 30 participantes, todas logopedistas. O Curso Ramain já havia tido algumas experiências pouco significativas em São Paulo, a partir de 1968.

É preciso contextualizar a época desta ocorrência.

O país vivia sob regime militar, onde as questões já vinham resolvidas, onde não havia espaço para questionamento, a programação social era pré-estabelecida.

A proposta Ramain era trabalhar adultos-profissionais, numa dinâmica pedagógica, como era utilizada na França. Muitos profissionais da área fizeram esta proposta para uma tomada de consciência maior das falhas psicomotoras.

O social passou por vários estágios de transição histórico-político e é inquestionável que, sempre, a macroestrutura repercute na micro. E foi desta forma que pudemos perceber os movimentos de abertura não só na política, mas também nas áreas da cultura, da ciência e tecnologia, especificamente na Psicomotricidade.

Inicialmente, o Ramain propunha um trabalho global do indivíduo. Era, porém, uma terapia pré-verbal: as pessoas vivenciavam a técnica, exprimiam suas vivências, as devolutivas não tinham a preocupação de integrar os conteúdos inconscientes que emergiam da proposta. Acredita-se que o Ramain, por si só, faz a terapia. Simonne Ramain foi uma pessoa singular, eu diria mesmo, iluminada, mas sua obra não possuía embasamento teórico.

Ao conhecer o Ramain e viver o processo com muita entrega pessoal, senti a potencialidade do instrumental e parti para o meu campo de trabalho para experimentar, aplicar, estudar, decifrar.

Em 1972, Simonne Ramain convidou a mim e Maria Angela Kallás para assumir a responsabilidade do desenvolvimento do Ramain no Brasil, participando como co-animadoras nos diferentes grupos de formação Ramain.

Sinto-me privilegiada de ter sido escolhida por Simone Ramain como sua representante no Brasil para desenvolver suas idéias, usufruindo de sua convivência até dezembro de 1974, dois meses antes de sua morte. Maria Angela Kallás, que aos poucos se tornou uma grande amiga, teve uma importância capital no processo de implantação do trabalho no Brasil. Durante alguns anos esteve comigo em diferentes grupos também como co-animadora.

Já na década de 1980, em todos os níveis, os questionamentos eram mais abertos. A Psicomotricidade já percebia o corpo, não só como ação, mas também como representação e simbolismo.

O Ramain-Thiers está inserido no movimento histórico da Psicomotricidade, pois, ao mesmo tempo que a mentalidade social mudava, eu experimentava novas formas de pensar, já havia concluído meus cursos de pedagogia e psicologia.

No momento em que as evidências pela experiência levaram-nos a constatar a dimensão do psiquismo, atuando na manifestação motora, é que tivemos que buscar subsídios teóricos em outras ciências como a Sociologia, Psicologia, Psicanálise. A Psicomotricidade como um todo deixou de ser só uma práxis, para entrar no plano científico. Foi a compreensão de um sujeito uno: corpo, mente, ação e sociedade, o que nos permitiu a abrangência de um trabalho mais global.

A conscientização da presença do psiquismo é que nos levou, profissionais mais antigos da Psicomotricidade, a buscar novamente em si recursos para oferecer melhor qualidade de trabalho. Fiz formação sociopsicanalítica no IBRAPSI - RJ e prossegui minha análise pessoal, para dar novos rumos ao desenvolvimento do trabalho.

A possibilidade de um trabalho para crianças, adolescentes e adultos, através do recurso da Psicomotricidade, a nível psicoterapêutico, estruturou-se melhor nos últimos cinco anos da década de 1980.

A trajetória foi longa, com muito trabalho, muito estudo, muita dedicação: quase trinta anos de prática, formando mais de mil psicomotricistas no Brasil, novos terapeutas de formação pessoal, supervisionando o trabalho de centenas de terapeutas que atendiam a milhares de crianças, em todos os recantos do Brasil: de Florianópolis a João Pessoa, do Rio de Janeiro a Campo Grande, em Mato Grosso do Sul, num trabalho integrado e harmônico.

A partir de 1990, Ramain-Thiers saiu dos limites elitistas dos consultórios e é empregado também com os menores carentes, com populações da zona rural, com crianças faveladas e institucionalizadas, com jovens infratores; em psicoterapia individual, de grupo ou socioterapia, e também em recursos humanos na empresa e psicopedagogia.

A construção do Ramain-Thiers foi um trabalho de muitos, da prática realizada, considerando-se os diferentes regionalismos, como fontes de inspiração, frente às necessidades do povo brasileiro.

A Antropologia serviu de base à compreensão da evolução do homem e seus movimentos; a Sociologia, à compreensão da organização das sociedades e suas relações que se repetem nos movimentos grupais; a Medicina, como suporte não só da compreensão da organicidade nas manifestações corporais, como também a visão mais abrangente dos distúrbios psicossomáticos. A base do Ramain-Thiers foi oferecida pela Psicanálise, que forneceu subsídios para o entendimento dos processos psíquicos e psicopatológicos. A leitura atual foi encontrada recorrendo a Freud e também aos seguidores de sua obra, Klein, Winnicott, assim como aos teóricos de grupo, Bion, Pichon-Riviére, Baremblitt e Zimerman, entre outros.

A Sociopsicomotricidade Ramain-Thiers visa à compreensão do sujeito psíquico,

Prólogo

que engloba o sujeito social, seu aprendizado de vida em coletividade, o respeito a si próprio, ao outro. Para Ramain-Thiers, é impossível conceber o sujeito fora de sua sociedade, sem sofrer as influências da macroestrutura com sua política e economia, atingindo gravemente o psiquismo individual e social. No Brasil de hoje, vivemos um final de século convulsivo, onde acontecem abalos da desintegração social e política, transformação de valores que, na verdade, são heranças de um passado histórico-político falidos.

A nossa sociedade debate-se, desesperadamente, contra a falta de autoridade oriunda da não entrada da função paterna, o que nos foi deixado como legado histórico e social. O nosso povo deixou de respeitar a Lei e está com dificuldades de encontrar uma forma segura de agir. Entretanto, este fenômeno que acontece hoje já aconteceu em vários momentos da História Política e Social dos povos em geral, até mesmo na realidade de Freud.

Freud iniciou sua obra numa Viena conturbada de final de século. Em 1886, por ser judeu, sentiu as conseqüências do anti-semitismo na sua vida profissional. A partir de 1900, as possibilidades de Freud como cientista e psicanalista tornavam-se cada vez mais difíceis. Eram poucos os pacientes de Viena, e ele esperou dezessete anos para ocupar a cátedra na Faculdade de Medicina, o que era um sonho seu. Esta realidade de Freud é um movimento análogo ao que vivemos hoje no Brasil, a total inversão de valores. Parece-me, então, que falar de um passado tão distante é também atualizar o passado no presente que se repete, e aproveitar da experiência vivida para elaborar novas formas de fazer, ser e compreender.

O Ramain-Thiers é uma forma de ação terapêutica segura, consciente, através de um material rico e projetivo, experimentado e constatado, que favorece o reviver de questões parentais, em grupo ou individual. O *setting* se instala e a transferência se estabelece a nível central, com o terapeuta, e lateral, entre os membros do grupo. É uma possibilidade que vai atualizar-se pelos conteúdos vividos através da interpretação, clarificação ou pontuação das necessidades emocionais verbalizadas.

A concepção sociopsicanalítica do RAMAIN-THIERS é que a psicomotricidade vivida no contexto sociogrupal deve ser compreendida não só pelas intersecções cognitivas, emocionais ou psicomotoras, mas também pela integração destas com o social, para que o sujeito se insira melhor na cultura.

Isto se dá porque é possível apreender a necessidade de respeito à Lei. O indivíduo sente-se produtivo porque passa pelo "fazer", pela expressão motora, que é a ação, onde tem a oportunidade de reparar as questões danificadas, não só no seu trabalho prático, mas também na sua vida pessoal, tendo seu próprio corpo como referência de vida, um corpo que sentindo e vivendo descobre formas alternativas de crescer, amadurecer, ser adulto, ser produtivo, ser social!

A Sociopsicomotricidade Ramain-Thiers tornou-se ciência quando pôde reunir a prática ao teórico, e através de estudos científicos comprovou que a Psicomotricidade é o instrumental que promove a emergência do Inconsciente, considerando o sociológico como um dos fatores de grande importância para a compreensão das questões grupais e da coletividade.

Solange

CAPÍTULO I

A Estrutura da Sociopsicomotricidade Ramain-Thiers

1. A Construção do Sujeito Social
2. A Leitura Simbólica dos Desenhos e Material Thiers
3. O Sociopsicomotricista Ramain-Thiers — Sua Identidade como Terapeuta

1 - A CONSTRUÇÃO DO SUJEITO SOCIAL

Solange Thiers

A construção do sujeito social passa pela criança, pelo adolescente e pelo seu desenvolvimento psíquico, pelas questões sociológicas e antropológicas. A questão do sujeito social centra-se na adolescência porque esta é a época em que, através da chegada do amadurecimento biológico, surge a puberdade, como marco de ativação da sexualidade.

O adolescente não é criança nem adulto. Caminha em busca do encontro consigo mesmo, em busca da identidade adulta, vivendo numa sociedade que sucumbe a cada dia, onde há inversão de valores e, até, de papéis sociais. O Brasil de hoje também está inscrito na macroestrutura de um mundo conturbado. As questões sociais são tão intensas que desprivilegiam as questões pessoais, e a conseqüência de tudo isto é cada um estar emocionalmente desequilibrado, pelo constante desrespeito que atinge a sua vida pessoal.

Dizer-se que a crise é muito grave a nível social é afirmar que o adolescente brasileiro acompanha apenas o movimento da sua época, tentando encontrar equilíbrio onde os modelos identificatórios se perderam.

Nossa obrigação, como terapeutas e psicoterapeutas, é ver este adolescente, com suas necessidades, procurar oferecer-lhe saúde emocional, na esperança de construção de uma sociedade mais cooperativa, menos destrutiva.

A proposta, neste embasamento, é oferecer aos Sociopsicomotricistas Ramain-Thiers uma compreensão maior da interligação entre psiquismo e sociedade, para que melhor possam atuar como terapeutas ou psicoterapeutas.

Os adolescentes têm problemas sim, que são inerentes à própria transição, como, por exemplo, distinguir passado, presente e futuro. A questão tempo é uma característica do inconsciente, como Freud apresenta em "A interpretação dos sonhos", e nesta dificuldade temporal encontram-se quase todas as dificuldades do adolescente em viver as questões vinculadas à sua identidade: quem ele será no amanhã e que amanhã é este, tão incerto, que não se garante mais na certeza de um diploma universitário.

A busca da sua identidade está intrinsecamente ligada aos lutos que precisa viver, entre eles a perda da infância, do próprio corpo que se transforma e que lhe é desconhecido, à medida que surge.

Sempre os jovens estão liderando movimentos considerados de agitação. São necessidades chamadas movimentos de contestação, que simbolizam a sua própria ruptura com um passado e que necessita ser definitiva. Há muito adulto que permanece adolescente. A sua maneira de enfrentar as situações pode ser vista como a tentativa de entrar no mundo adulto, considerado de equilíbrio e estabilidade. O adolescente vive uma perda de referências, sentida interna e externamente, através do seu corpo, que se transforma. Suas glândulas sexuais começam a atuar de forma mais sensível e, aliado aos sentimentos de perda do corpo infantil, o que pode esperar dele senão a insatisfação, o desequilíbrio? São consideradas características da adolescência a saída da dependência em busca da independência, a necessidade de transformar o controle externo em controle interno, frente a uma sociedade que reprime a sexualidade, principalmente a da mulher. Segundo Ana Freud, quando o adolescente percebe e constata a possibilidade de realização do desejo incestuoso, já que agora seu funcionamento sexual assim o permite, surgem defesas internas como a repressão dos sentimentos incestuosos e a recusa: representam a negação do sentimento incestuoso e o deslocamento afetivo-sexual para pessoa de sexo oposto, geralmente mais velha. Há reversão dos impulsos libidinosos e, como conseqüência, surge o medo, a ansiedade, os sintomas neuróticos e a agressividade.

A puberdade é um fenômeno que ocorre dentro do período de adolescência e é provável que o desequilíbrio entre o id e ego esteja sendo superado aos poucos. A frustração interna manifesta, resultante do controle do superego, acaba por ajudar o adolescente a lidar com o real e melhor se colocar no mundo.

O sujeito social vive dois momentos de nascimento: o nascimento biológico e o nascimento social, que é o primeiro acesso à condição de ser adulto e que é a entrada na cultura. Entretanto, considero importante que sejam revistos alguns dos conceitos das crianças, para darmos continuidade ao estudo do ser social.

A criança, ao nascer, vive com a mãe uma relação considerada fusional, numa relação dual.

O seu desenvolvimento psicossexual passa pelas fases oral, anal e fálica, sendo que na fase fálica se inicia a dialética edípica, que é revivida na puberdade, de forma intensa, para a superação do Complexo de Édipo. É esta superação que permite ao sujeito a entrada na cultura e, até, a formação de sociedades, a vivência em coletividade. Segundo Freud, é o romper com vínculos familiares, sair de grupos fechados e entrar em grupos maiores, que permite ao sujeito ser social.

As transformações do corpo e o emocional

A puberdade é o período onde as modificações corporais se intensificam. Há o crescimento dos órgãos genitais externos e internos. Há intensificação das estimulações sexuais, que surgem do mundo externo sim, mas também do organismo e da vida mental do sujeito. Acabam por gerar excitação sexual, tensões de natureza compulsiva e alterações somáticas, como é o caso da ereção do pênis e a lubrificação da vagina.

Henry Wallon se refere a uma compreensão da puberdade feita por Rousseau, que formula a descoberta do fenômeno da puberdade para os antigos como a descoberta de terras desconhecidas. Segundo ele, "a puberdade é o momento de intersubjetividade, a juventude do homem é tal qual a juventude da vida, é o tempo do primeiro encontro". Rousseau, quando se referia ao primeiro encontro, sem sombra de dúvida se referia ao encontro com a sexualidade. E seguindo no pensamento de Rosseau, ele se refere à puberdade e ao deslocamento de saída do Édipo desta forma: "algo ocorre no homem quando a relação humana, em lugar de flutuar na indeterminação inter-humana, é compreendida ao nível de um corpo sexuado". Freud e Rousseau chegam a um ponto comum, onde é a sociedade que influencia no modo como cada grupo social concebe a puberdade entre os jovens.

A puberdade, que é um fenômeno corporal, biológico, hormonal, do próprio desenvolvimento psicossexual do homem, transforma-se em problema de civilizações e estes problemas convergem para a fase designada adolescência.

Em "Introdução à Psicanálise", Freud aceita que a estrutura social interfira, e explica, de maneiras diversas, a forma como é vivida a puberdade; onde ocorre o declínio do

Complexo de Édipo. Em 1937, em artigo publicado na *Revue Française de Psychanalyse*, ele diz que o Édipo desapareceria por um fenômeno de maturidade, como os "dentes de leite frente aos dentes definitivos". As diferentes fases estariam inscritas em um calendário vivente. O importante é ficar esclarecido que o biológico tem uma valência grande no momento da puberdade, mas fica difícil de aceitar que a libido tenha um trajeto pré-determinado no desenvolvimento, a não ser que consideremos a relação com o social: inicialmente a família seria intermediária desta troca dinâmica entre determinismo biológico e relação ambiental. Com efeito, o Édipo só existe pela relação tríade: pai - mãe - filho. Cada um traz a história inscrita no seu corpo, no seu psiquismo, a partir da fase oral. É o corpo vivido. Desta forma, o sujeito responde com maior ou menor intensidade ao declínio do Édipo, ao deslocamento da libido.

A questão do ativo e passivo, do masculino e feminino, também vincula-se à questão da zona de prazer: enquanto no homem a zona de prazer é a glande do pênis, na mulher é diferente. Inicialmente, a menina descarrega a tensão da excitação sexual por espasmos do clitóris, enquanto que ao se tornar mulher se excita através do clitóris, e esta excitação propaga-se do clitóris à vagina. A sociedade reprime na menina, desde cedo, suas manifestações de prazer e esta repressão, intensificada na fase puberal, acaba por afetar a passagem edípica, evoluindo para um quadro de neurose de natureza histérica comum nas mulheres. A repressão sexual é tanta que a menina púbere não consegue se libertar do pai e deslocar sua libido em outras experiências sexuais.

Há muito medo de o adolescente poder ser adulto. Freud aborda este medo em "Cinco lições sobre Psicanálise", onde ele enfoca este medo como originário da infância. São deslocamentos de pulsões de morte intensas, que se traduzem mais tarde em neuroses; fica para o adolescente a noção da falta do desejo, do estar vivo sem viver realmente.

Na adolescência, os lutos são mais intensos, como vimos anteriormente, e a sucessão de perdas faz emergir as pulsões de morte. A noção de não viver na própria vida vincula-se à falta de identidade pessoal, à falta de desejo. A falta de desejo remete a questões muito primitivas, arcaicas mesmo, de não poder viver a ferida narcísica. É a ferida narcísica que dá lugar ao desejo em outra linguagem; é a castração simbólica representada pela entrada do pai na relação fusional materna/bebê, que dá lugar à ferida narcísica. É a ferida narcísica, o espaço do desejo, que dá ao sujeito a pré-condição de escolher, desejar, buscar sempre uma completude que, irremediavelmente, não se dará nunca mais, mas que é a mola propulsora da vida, propiciando ao sujeito a busca da realização através dos estudos, do trabalho e na vida pessoal.

Outra questão importante do ser social é a questão de escolha de objeto. Em "Três ensaios sobre a sexualidade", Freud aborda o tema, afirmando que esta escolha de objeto será sempre baseada no objeto de amor. O primeiro objeto de amor da criança é a mãe. No caso de mulheres, em função do próprio desenvolvimento, há uma mudança no objeto de amor. A menina passa da mãe ao pai. Isto seria o quadro normal. Entretanto, olhando-se pela ótica da patologia, muitas meninas não puderam viver a castração simbólica, não houve a entrada do pai na relação e a escolha de objeto fica restrita à mãe, como um tipo de escolha narcísica.

Tomando subsídios na antropologia, para um melhor entendimento da entrada do sujeito no mundo adulto, encontramos em Lapassade a referência de que os ritos de iniciação entre os povos primitivos são os marcos desta transição.

O ser social é percebido de diferentes formas, de acordo com a sociedade. Segundo Durkheim, sociólogo, a inserção no social se dá sempre através de ritos de iniciação, que são formas primitivas de vida religiosa, com finalidades de iniciar o jovem no mundo adulto e, simultaneamente, separá-lo do seu grupo social infantil. Nestes rituais, há sempre um período antecipatório, preparatório, em que há restrições de alimento e de sexualidade. O ritual visa infligir sistematicamente ao iniciante sofrimentos determinados, com vistas a modificar seu estado e fazer-lhe adquirir qualidades características do homem. O ritual estará terminando, quando tem sua culminância na circuncisão. Há a morte simbólica do circuncisado e, em seguida, sua ressurreição, que se lhe apresenta como exames para a sua capacidade de exercer suas funções adultas. Há, então, toda uma passagem de experiências dos mais velhos aos mais jovens, que visa atingir este objetivo. Segundo os povos primitivos, e lido à luz da sociologia e antropologia, os sofrimentos a que são submetidos determinados jovens, em algumas culturas, têm a finalidade de forjar-lhe o caráter de homem. No ritual australiano, por exemplo, a circuncisão constitui o ápice da iniciação. É a representação simbólica do pai como o que separa, o que castra, o que separa a mãe do filho. Freud e Lacan exploraram exaustivamente este tema.

Retornando portanto às origens, o que encontramos sempre é a importância da estruturação do Complexo de Édipo na definição da personalidade do ser humano e, sem a menor dúvida, concluimos que o fundamento da sociabilidade é o caráter grupal.

Em "Mal-estar da civilização", Freud coloca que os ritos de iniciação têm por finalidade auxiliar o adolescente a superar a sua tríade edípica e integrar-se no social, porque o complexo de Édipo escraviza o homem ao seu núcleo parental.

Para Lévy Strauss, é necessário que o homem rompa sua condição de vida restrita ao núcleo parental e, para ele, exogamia é o romper com contornos parentais, familiares, para um mundo de trocas, que é o social. Então, concluiu-se que, para Strauss, tornar-se adulto, ser social, exige romper com as dependências estruturadas, parentais, e partir rumo a uma sociedade, onde assume o que se é, produz-se para viver. A qualidade de vida de cada um vai depender de seus próprios investimentos em si.

A vida adulta é caracterizada pelo amadurecimento sexual e realização de tarefas produtivas. Retomando à criança, quanto a tarefas produtivas: constatamos que as fezes representam, para ela, o prazer da primeira produção. O adulto, necessariamente, precisa sair da passividade e realizar atividades produtivas. O "fazer" é de extrema importância. Construir, realizar, aproximam a mente do corpo, reduzem a doença neurótica e transformam o indivíduo em um ser social, construtor de sua vida, participante ativo.

A importância de os sujeitos viverem as experiências propostas em RAMAIN-THIERS é muito grande, sejam problemáticos ou normais, porque o mais importante é o despertar do viver coletivamente, do ser responsável pela sua própria ação, do despertar de sua consciência social pela possibilidade da integração corpo-mente-sociedade. O momento da verbalização é aquele em que os conteúdos são assumidos para si, diante do grupo, e as intervenções, quer sejam clarificadas, pontuadas ou interpretadas, favorecem ao amadurecimento emocional, para melhor assumir-se nas questões do fazer, do agir, do trocar, do dar e do receber.

A compreensão da importância do fenômeno "grupo", como sustentação da construção do sujeito social, é de extrema importância. O grupo terapêutico reinstala, na sua vivência, sempre o conflito edípico e, pela teoria, experiência e confronto, posso afirmar que as transferências do conflito edípico no grupo terapêutico são comuns, e que em Ramain-Thiers, não fugindo à regra, vêm como um aliado para facilitar a coesão grupal. O grupo reinstala a grande família e vive, nas transferências, as relações parentais necessárias. Quando um grupo terapêutico é constituído, o grupo organiza, no plano micro, à macro-estrutura, que é uma instituição social. A leitura acontecerá a partir da organização, da pré-determinação, do inconsciente grupal e a própria dinâmica da mentalidade grupal.

2 - A LEITURA SIMBÓLICA DOS DESENHOS E MATERIAL THIERS

CORRELAÇÃO EMOCIONAL

(1989/1990/1992)

Solange Thiers

O material Thiers foi elaborado a partir da minha experiência clínica com as pranchas de Simone Ramain, da pesquisa feita por levantamento de dados e pela necessidade de discriminar uma metodologia da outra.

A leitura simbólica dos desenhos ajuda ao sociopsicomotricista a compreender o processo individual dentro do grupo, a provocar pela diversidade de propostas o desequilíbrio e reequilíbrio, numa alternância, que é a busca e o encontro do princípio de realidade. A progressão é personalizada para cada grupo de acordo com o momento emocional do mesmo.

Simbolismo é o modo de representação figurada de uma idéia ou um conflito, ou de um desejo inconsciente, o que, em Psicanálise, pode ser considerada como qualquer formação substitutiva e, em Ramain-Thiers, pela possibilidade de fazer emergir o conflito ou o desejo inconsciente pela natureza do trabalho.

Strauss fala em *Sociologia e Antropologia*, de Marcel Mauss, que toda cultura se constitui de um conjunto de sistemas simbólicos, e nós ratificamos esta afirmativa ao pensarmos na perspectiva do Ramain, em grupos diferentes, em diferentes épocas. A constância serviu de fundo à pesquisa da correlação que efetivei durante 20 anos de trabalho intenso em todo o Brasil.

A relação de constância baseia-se, essencialmente, na questão de modelos análogos como forma, natureza da tarefa, desenhos que mobilizam arquétipos do Inconsciente Coletivo. O simbolismo tem-se mostrado, em Ramain-Thiers, sem discriminação definida de causa e efeito, mas de forma a ser lido pelos mecanismos de defesa mais comuns de deslocamento e condensação.

O erro vivido na situação de trabalho emocional é a possibilidade de a pessoa reviver na dinâmica da sua personalidade um processo primitivo que projeta suas questões emocionais, pela quebra de defesa da racionalização. É um processo dinâmico e passa por sentimentos como perda, raiva, frustração, elaboração e reparação.

Segundo Klein, a ansiedade persecutória surge com o trauma do nascimento, e a primeira grande perda é o desmame, sendo ainda de grande significância como a criança viveu a perda das fezes e, mais tarde, como viveu a castração. Tudo isto aparece claro no Ramain-Thiers quando as pessoas não suportam viver a perda de papéis, jogar fora sobras de material, separar papéis, molduras.

O material Thiers representa um objeto intermediário que facilita a revivência de situações primitivas, arcaicas, de um desenvolvimento emocional. Os grupos tendem a regredir na vivência Ramain-Thiers, com materiais tão simples, e a regressão de um grupo é uma afirmativa que Freud faz em *Psicologia de grupo*, pela questão da diminuição da capacidade e potencial racional quando se está em grupo.

Ramain-Thiers não é uma terapia focal, portanto não é possível afirmar que "isto significa aquilo", mas sim apresentar-lhes o que tenho comprovado ao longo dos anos.

Freud fala, por exemplo, que certos símbolos se aproximam por alusão, isto é, por contigüidade, ou mesmo, por contraste.

Assim como a Psicanálise, o Ramain-Thiers se propõe a trazer ao consciente conflitos e resistências que estiveram inconscientes por força do recalcamento e da história de vida de cada um. Em ambos os casos, os conflitos e resistências ficam resolvidos não porque atingem o nível do conhecimento, do saber sobre o problema, mas sim porque nas duas vive-se uma experiência específica, a tarefa Ramain-Thiers, que atualiza na transferência as questões a serem tratadas.

Há um aspecto simbólico nas duas: na Psicanálise, a leitura é feita só pelo verbal; na Sociopsicomotricidade Ramain-Thiers, a leitura se dá pelo verbal, pelo gestual, pelo corporal, pela relação com os desenhos. Na Psicanálise, o psicanalista escuta e interpreta; no Ramain-Thiers, o sociopsicomotricista escuta, clarifica, interpreta, age no sentido de propor situações que atualizem a necessidade do grupo, quer em nível corporal, quer em nível de propostas de mesa (Psicomotricidade Diferenciada). A função é ler o simbólico, para interpretar nas necessidades que o grupo precisa, e agir, isto é, ser ativo, consciente e escolher propostas adequadas ao momento emocional do grupo.

Ramain-Thiers, em nível de desenhos, trabalha com cruzes, círculos e estrelas. As cruzes, símbolo universal, podem simbolizar redenção para os religiosos, morte para alguns, o que corresponde psiquicamente a vivências de perda, diferentes níveis de castração ... castração simbólica, castração anal ou angústia de castração, dependendo da necessidade da cada um do grupo. São as verbalizações sucessivas que mantêm a constância do simbólico.

Quanto ao círculo... ele é o símbolo da totalidade. Os povos antigos usavam muito reunir-se em círculos; os primitivos promoviam danças em círculo, dada a simbologia que ele faz despertar no Inconsciente coletivo. Psicanaliticamente, o círculo, por representar a totalidade, promove inúmeras revivências de completude, que fazem desabrochar as fantasias primárias como a da cena primária, já que se refere a fantasias filogeneticamente transmitidas. Isto é constatado nas verbalizações em inúmeros grupos.

O terapeuta necessita da formação para reconhecer o que se está mobilizando, mesmo que a opção seja a de um trabalho psicopedagógico. Quando emerge do grupo é preciso aceitar... porque a mobilização é mais intensa que o simples desenvolvimento de funções básicas do pensamento. Ramain-Thiers, a nível psicopedagógico, também se utiliza do saber psicanalítico, para enriquecer a atuação profissional. Também o fonoaudiólogo adquire uma compreensão mais abrangente do seu paciente e sua ação fica mais construtiva e mais global.

Os desenhos Thiers, que mobilizam o emocional, trazem em si o simbólico. Encontrei em Jung que animais capazes de viver em dois meios — água e terra — pertencem à característica universal de um símbolo de transcendência, assim como os lagartos, as serpentes, a tartaruga. As aves também, porque combinam atividades subaquáticas e voláteis com uma vida selvagem. Exemplo: o pato selvagem e o cisne. Os motivos de Egito também vinculam à transcendência, que é a condição de mudança de estado, é libertação de conteúdos psíquicos mais profundos que se tornam conscientes. Segundo Jung, o homem passa por diversos estágios de evolução que são simbolizados, e é somente quando o indivíduo chega à maturidade e às potencialidades de seu próprio ser é que, unificado, atinge ao que é designado de função de transformação, de mudança, de estágio.

Símbolos de transcendência são aqueles que representam a luta do homem para alcançar seus objetivos. Fornecem os meios, através dos quais os conteúdos do inconsciente podem penetrar no consciente e são a expressão ativa desses.

A experiência mostrou que propostas com desenhos de animais como: lagartos, tartarugas, dinossauros, eram capazes de promover a regressão e a emergência de conteúdos inconscientes para a mudança de estágio.

Na verdade, os desenhos podem mobilizar a regressão, a mobilização do recalcamento, porque são arquétipos primitivos. São símbolos constituintes do inconsciente coletivo, mas só têm significado dentro do e para quem sabe fazer a leitura. É o embasamento do terapeuta que abre os portais da continuidade do trabalho emocional, através de sua escuta.

O desenho vai desencadear emergências inconscientes vinculadas a figuras parentais, a medos arcaicos, a vivências edípicas, à reconstrução egóica como agentes facilitadores desses conteúdos. O mais importante é ter um preparo tal, que permita lidar com o conteúdo que venha emergir, a partir do que o desenho possa suscitar. Ramain-Thiers é um tipo de terapia que se baseia na Psicomotricidade lida de forma analítica, trabalhando de acordo com o pedido inconsciente do grupo. Neste pedido inconsciente do grupo, há uma leitura que fazemos da fala e do corpo, e a nossa ação, como terapeuta, é propor o que o grupo precisa para crescer emocionalmente. Uma das formas de devolutiva é a escolha da tarefa que passa pelo fazer e atualiza a necessidade grupal.

Características do instrumental Thiers

O arame

É importante assinalar que me refiro ao arame dentro da dinâmica da Sociopsicomotricidade Ramain-Thiers.

Pela natureza do material, frio, resistente, ele suscita, dentro do contexto Ramain-Thiers, relação com objetos internalizados de natureza persecutória. Para muitos, o arame se mostra até como um objeto fobígeno. Ele provoca relações parentais persecutórias, geralmente a relação materna. O fio de arame é vivido, simbolicamente, como o cordão umbilical, que cada um tenta cortar na busca de seu processo de individuação. Assim o é, quando sua forma é indefinida.

A experiência mostrou que, na maioria dos grupos, emerge a figura da mãe má, cobradora, que é projetada no sociopsicomotricista Ramain-Thiers. Dependendo da natureza da personalidade e dos traços que definem uma pessoa, ela vai agir, diferentemente, frente a uma proposta de arame.

Aqueles que possuem um quadro mais definido como histérico relacionam-se com o arame de forma superficial: tanto faz o desenho apresentado, trabalham sobre um arame maltratado, isto é, amassado e, geralmente, o resultado em nada se parece com o desenho feito em lápis. Outras reações comuns são o vômito, as náuseas, a sudorese. O paciente histérico faz conversão.

Já os pacientes que possuem características obsessivas, durante a vivência com o arame, podem variar suas manifestações. Alguns fazem e desfazem várias vezes o mesmo pedaço, deixando o arame muito marcado e sem possibilidade de atingir boa qualidade. Outros, frente à resistência do material, são mobilizados pela luta de poder, que é uma tônica da chamada fase anal e vivem com o arame um verdadeiro duelo para medir quem tem mais poder. Nesta hora, geralmente, é projetada no arame uma figura de autoridade, com quem a pessoa se mantém brigando, para não viver a perda de poder. O material emocional fica constatado quando verbalizado no *setting*.

O paciente fóbico não consegue trabalhar o arame. Na sua vivência surge muita angústia, porque há a emergência da perseguição interna tão intensa, que ele adota uma conduta evitativa de não querer continuar e pede para interromper.

Há pessoas, porém, que conseguem trabalhar bem o arame. Em geral, são pessoas que lidam melhor com o aspecto persecutório da relação materna/paterna e que, diante do arame, não sucumbem à angústia, frustração, ansiogênese e conseguem passar ao arame o calor de suas mãos, modelando-o com carinho, vivendo uma relação afetiva boa, que se vincula a conteúdos da boa internalização das figuras parentais, às vezes deslocadas para a família atual, marido e filhos.

As crianças, por exemplo, não podem trabalhar com arame; só com fio encapado, exatamente porque o arame é mais resistente e mobilizador de vivências mais arcaicas. Elas também não gostam do arame e esta relação está definida em função do estabelecimento das primeiras relações com a mãe. Sabemos, teoricamente, que todas as crianças vivenciam a ansiedade persecutória. O objeto é parcial, a mãe não consegue ser sentida como boa e má, e isto se mobiliza quando as crianças trabalham com arame: correm, mordem o arame encapado, chutam, amassam, jogam no lixo.

É difícil para elas reviver a mãe má, negada, desconhecida, mas sentida e internalizada.

O sociopsicomotricista deve ter uma atitude de aceitação frente a qualquer reação ao arame, frente às ansiedades persecutórias e depressivas que emergem. Também é significativa a maneira como se prende o arame com durex no papel.

Para alguns, o durex representa o instrumento de aprisionar o arame numa determinada forma, como o próprio desejo de manter um controle onipotente sobre esta figura parental ameaçadora, que emergiu na vivência.

Em síntese, parece ser a relação mais difícil em Ramain-Thiers. É uma relação que evoca e faz emergir material regressivo, cuja natureza deve ser aceita sem discriminação. O arame pode mobilizar a emergência do recalcado do Inconsciente, como faz emergir sentimentos de agressividade e de amor, relação ambivalente revivendo relações primitivas mal-internalizadas de figuras parentais. Amor e ódio surgem na transferência.

Variando com o momento do grupo, os arames e fios podem propor a vivência do relacionar-se, com reconhecimento dos limites do material e a forma afetiva de lidar com ele. O arame auxilia na possibilidade de constatação da vivência do desrespeito consigo mesmo.

Em alguns momentos, com adultos, propomos trabalhar com arame grosso e arame fino para facilitar o processo de integração do objeto interno. O mesmo se repete com crianças quando oferecemos fio desencapado (tipo arame de cobre), porque é importante não viver a relação só com o objeto bom, mas sim com o objeto total, que tem partes boas e más. É só a partir da integração entre as partes boas e más que o indivíduo se sente também íntegro, aceitando ser bom e mau.

O alicate aparece nas propostas de arame, para que seja vivida a entrada do terceiro elemento na relação. É o elemento que simboliza a relação paterna e que mobiliza sentimentos que são próprios das necessidades de cada pessoa. Há muita dificuldade em realizar ângulos que representam a autoridade.

O recorte

A minha experiência formando mais de 1.000 profissionais comprovou que o recorte, sem dúvida, promove a revivência da castração, mobiliza a pulsão de morte.

O recorte, em Ramain-Thiers, é apresentado sob várias formas e está vinculado desde o rompimento da simbiose até a um dos estágios de evolução edípica.

A simbiose é um tipo de patologia que, inicialmente, faz parte da vivência normal de uma criança, que é o processo da indiferenciação que a criança vive em relação a sua mãe. A criança é o objeto de desejo da mãe. Para que esta criança rompa a simbiose, é necessário que a mãe permita a entrada do pai nesta relação. O pai só entra na vida da criança mediante uma autorização inconsciente da mãe.

A possibilidade de oferecer os recortes, num contexto terapêutico Ramain-Thiers, vai favorecer a revivência de núcleos de morte, as dificuldades de deixar de ser o desejo do outro. Quando me refiro a núcleos de morte, estou me referindo a conteúdos inconscientes que emergem e que se vinculam a sentimentos de perda, luto, que podem também ser lidos, de acordo com a patologia, e o momento como, por exemplo, o temor à castração. Tudo depende do estágio emocional de cada grupo.

Cada tipo de fala após o recorte dependerá do momento emocional da pessoa, do grupo, da sua condição de associar livremente, do *feeling* do terapeuta, que através de devolutivas favorece a *insights*.

O recorte sugere vincular-se à possibilidade de separar, de perdas e da castração, assumindo novos estágios emocionais. Facilita a reconstrução dinâmica da personalidade, vivência de culpa, perda e reparação, porque mesmo sendo oferecido o durex para o uso surge o medo de destruir objetos já internalizados como bons. É, na maioria das vezes, a própria ambivalência frente aos sentimentos que vivem em relação aos pais.

A separação oferecida pelas gregas, por exemplo, pode ser em diferentes níveis: em princípio a do objeto aglutinado do qual se sentia parte, que é a separação entre o "eu" e o "não eu", podendo simbolizar os sentimentos de perdas afetivas vinculadas aos primeiros movimentos de vida e que se repetem pela não solução e elaboração das primeiras perdas nas relações parentais.

A tesoura e o recorte favorecem à passagem da posição de fragmentação interna e intensa, onde a ambivalência de afetos é presente, à posição integradora, onde começam as primeiras elaborações de natureza edípica. O uso da tesoura mobiliza os conteúdos emocionais agressivos dos indivíduos e, também, a própria cisão interna (lidar com as partes boas e más). A reparação surge quando o objeto torna a ser vivenciado como objeto inteiro, na colagem dos papéis recortados que se reconstróem. Nos casos de recorte-figura x fundo, o processo vivido é o de individuação: separação do que é seu e o que é do outro. O recorte também favorece a mudanças internas, por mudanças de direção. O sentimento de perda aparece como constatação do irreversível.

As cores

Desde a antigüidade que se procura estabelecer correlações entre a pintura e a música, entre a cor e o som.

As cores foram muito estudadas no passado como elementos de harmonização e, no Ramain-Thiers, sua importância é capital, porque o processo terapêutico só acontece à medida que são usados os lápis de cor. Usamos apenas 3 cores: azul, vermelho, verde; muitos me questionam o porquê de serem estas e não outras cores. Em Ramain-Thiers, os lápis de três cores servem para corrigir erros, para promover a reparação.

Os sistemas da cor e sua simbologia e seus códigos são resultantes da adoção consciente de determinados valores inconscientes, porque o que dá significado e qualidade ao símbolo é a sua utilização. A criação de símbolos é um ato coletivo, de função social, que tem por finalidade representar e comunicar. No Ramain-Thiers, as cores comunicam e é por isto que é preciso discorrer sobre o histórico-significativo das cores para entender a sua subjetividade e a sua importância. As cores dos lápis são usadas para a correção do erro, para promover o encontro com um novo caminho, para Ramain-Thiers é a possibilidade de reparação.

A cor vermelha e o lápis de cor

O vermelho, por exemplo, é uma das sete cores do espectro solar. É a cor que mais de destaca. O vermelho lembra fogo, sangue. Poderá também representar o terror, a morte e, por reminiscências, o luto.

Ao estudar a influência das cores sobre o psiquismo, Goethe levantou a hipótese de que os antigos acreditavam nas virtudes curativas das pedras preciosas, pela sua cor e pelo bem-estar indescritível provocado por estas pedras. Acreditava que as cores não só engendram estados de ânimo, mas também se adaptam a eles. É o caso da utilização das cores no nosso vestuário.

No teste das pirâmides coloridas de Max Pfister e no Psicodiagnóstico de Rorschach, são usados valores interpretativos para as preferências de cores. O vermelho está ligado às necessidades afetivas: afetos e suas manifestações das mais suaves às mais violentas, em direção extroversiva.

No Ramain-Thiers, o vermelho surge como o primeiro lápis de correção, aquele que mobiliza a raiva pelo errar, a emergência de lembranças infantis de vínculos como a escolaridade, porque o vermelho é o lápis de correção nas primeiras séries do 1º grau. Assim, não só o seu uso leva a pessoa a fragilizar suas defesas, a ter que lidar com a quebra da onipotência na própria ação, como também errando entra em contato com a falta e desencadeia o desejo de preencher a mesma, suscitando a mobilização da ferida narcísica.

A cor azul e o lápis de cor

O azul é a mais profunda das cores. Leonardo da Vinci afirmava: "o azul é composto de luz e trevas, de um preto perfeito e um branco muito puro como o ar". Goethe acreditava "todo o preto que se clareie se torna azul ... O azul nos causa uma impressão de cinza e nos evoca a sombra".

Diante do azul, a lógica consciente cede lugar à fantasia e aos sonhos que emergem dos abismos mais profundos do nosso interior, abrindo as portas do inconsciente e pré-consciente.

Dentro de uma perspectiva metafísica, o azul evoca a idéia de morte. Os egípcios o consideravam como a cor da verdade. Foi também a cor escolhida pela nobreza com a designação de "sangue azul". A idéia de pureza aparece nas pinturas cristãs da Virgem Maria, enquanto que, simbolizando raciocínio e inteligência, aparece na pedra dos anéis dos engenheiros.

No teste das pirâmides coloridas, o azul representa a condição introversiva das funções emocionais e intelectuais, podendo ser racionalização ou subestimação e capacidade de intuição.

No Ramain-Thiers, sendo o segundo lápis a ser usado quando é dada a seqüência, ele vem trazer os conteúdos inconscientes à consciência. Vem favorecer a busca do equilíbrio após o desequilíbrio do erro e do uso do lápis vermelho. Facilita o processo de *insight,* ajuda a elaboração da perda. É comum às pessoas optarem por não usar o vermelho antes, mas é aconselhável manter a seqüência vermelho-azul-verde para ser mais dinâmico o processo emocional e não haver dissimulação de agressividade. É através do azul, ou seja, durante o seu uso, que muitas vezes pessoas cedem espaço à fantasia e associam os fatos de suas vidas aos quadradinhos.

A cor verde e o lápis de cor

Já a cor verde, como ponto de equilíbrio na mistura das cores amarelo com azul, é considerada cor de repouso da tensão, isto porque é o resultado de cores diametralmente opostas, cujas potencialidades exprimem claridade e obscuridade, calor e frio, aproximação e afastamento, movimentos excêntricos e movimento concêntrico. Segundo os teóricos das cores, não se acompanha a alegria, nem tristeza, é a cor mais calma que existe.

É chamada a cor da esperança, da força, da longevidade, assim como da imortalidade, simbolizada por ramos verdes.

No Ramain-Thiers, ele surge como a possibilidade de reparação, ainda que seu uso possa trazer desprazer por ser erro; ele transmite tranqüilidade, leva a pessoa a aceitar uma transição de adaptação ao real, saindo da fantasia e confrontando sua verdadeira condição.

Os lápis de cor, no Ramain-Thiers, têm uma função muito especial. Simbolicamente a possibilidade de lidar com erro, trocando as cores dos lápis, envolve aspectos dinâmicos da personalidade de cada um, como sentimento de perda, raiva, luto e a reparação. A reparação nem sempre é sadia, por isso favorecemos a usar as cores para que tal aconteça, mas não é sempre garantido que o grupo atinja a um só tempo, porque vai depender dos núcleos doentes de cada um.

A reparação maníaca leva a repetir as cores, sem ao menos importar-se com o fato.

Quando não se quer trocar o lápis, há a emergência do mecanismo de defesa de negação, a dificuldade de assumir, não só os erros no papel, mas também suas dificuldades de vida.

A entrega dos lápis pelo sociopsicomotricista representa o simbólico da passagem para que se viva uma experiência nova, com a confiança de quem tem direito ao sucesso. Pode também mobilizar a dependência e favorecer à regressão. O sociopsicomotricista deve saber fazer a opção de entregar os lápis ou propor que cada um apanhe seu material, favorecendo a autonomia.

Em síntese, a experiência mostrou que os lápis mobilizam a dinâmica da personalidade e sentimentos como ódio, frustração, impotência, luto pela perda, reparação.

Estimativas

As estimativas vão mobilizar o Narcisismo e as dificuldades de lidar com limites.

Consideramos estimativas aquelas propostas em que se precisa calcular, ou prédeterminar, a quantidade de arame, o tamanho do papel, formas que se encaixam sem experimentar, modelagem de esculturas. Esse tipo de vivência mostra a dificuldade de cada um em aceitar os limites. Lidar com o limite e aceitá-lo é vincular-se à Lei Maior, que é a interdição do incesto.

Há casos raros de tentativa onipotente de controle do grupo por um membro que pretende controlar, por exemplo, a quantidade de arame que o grupo considera necessário à vivência. Nesses casos, é a permanência na fase anal retentiva, que mobiliza a necessidade de poder.

Também é importante que o sociopsicomotricista identifique a relação entre as chamadas fases de desenvolvimento e os tipos de propostas para que se mantenham os princípios Ramain-Thiers. Acompanhar o movimento emocional do grupo e escolher a proposta de acordo com a clarificação das fases.

Quebra-cabeças — Volumes

Os quebra-cabeças permitem a revivência da passagem pelo Édipo. É toda uma questão de procurar os iguais, que remetem à identificação para a reconstrução das figuras parentais internas. É a tentativa de encontrar saída para o complexo de Édipo.

É comum em grupos de crianças, ao vivenciarem quebra-cabeças, surgirem simultaneamente falas que remetem a figuras parentais, carregadas dos sentimentos que os vinculam a eles.

A estrutura da sociopsicomotricidade Ramain-Thiers

Nos grupos de adolescentes e adultos, a experiência comprova que o grupo se remete à Horda Primeva, para reviver o Édipo em sua forma mais primitiva, que é do parricídio.

Freud explica que o parricídio é um desejo latente dos grupos e que é o desejo da morte do pai, arquétipo filogenético do Édipo. Em tribos primitivas, o chefe — o pai, temido, totêmico, idealizado —, não respeitava as mulheres de sua tribo, fossem elas parentes ou filhas. Isto gerava ódio nos filhos; muito ódio capaz de realizar o desejo de morte do pai e dividi-lo em pedaços para ser devorado. Depois da morte do pai, os irmãos tentavam organizar-se por identificações.

Esse movimento é nítido após os "quebra-cabeças" grupais no setting Ramain-Thiers. O grupo afasta o sociopsicomotricista, centralizando na transferência o pai totêmico, vingado. Isto gera sentimentos de culpa e o grupo procura achar-se por identificações que ocorrem nos momentos da reconstrução dos painéis, nas verbalizações que acompanham as montagens.

O sociopsicomotricista deve identificar os fatos dos componentes do Édipo na verbalização, porque o pai morto é a projeção do pai idealizado, a união do bem e do mal, de Deus e o Demônio. Os volumes, pela sua tridimensionalidade, também oferecem subsídios para revivência Edípica.

Exemplo do momento de um grupo em uma vivência de subgrupos de três pessoas.

A proposta era cópia, recorte, transformação e criação de volumes com os elementos recortados. Neste grupo específico, a cópia reviveu condições de identificação e acasalamento. O recorte favoreceu a revivência da angústia da castração e a transformação significou, para este grupo, a mudança de estágio: momento edipiano. O importante é a fala do grupo sobre suas projeções ao realizar a proposta e a natureza das identificações grupais. O terapeuta ouve e é pela escuta que trabalha nas transferências.

O grupão subdividiu-se em 4 subgrupos e o desempenho resultou em quatro criações que, isoladas, nada significavam, mas que ligadas aos sentimentos expostos na verbalização, traduzem seu momento emocional.

O grupo 1 construiu uma churrascaria com os bois mortos. Aqui o subgrupo projetava, na fala, questões vinculadas ao pai morto: o parricídio, Édipo arcaico-grupal.

O grupo 2 falou da vivência do acasalamento e fez um carrossel, onde os bois, como cavalos, serviam para serem montados.

O grupo 3 viveu mais intensamente o estágio fálico e projetou um navio que nadava num mar, onde os bois se transformaram em animais marinhos, onde não só aparecia o polvo, como o tubarão e peixes. O navio foi sentido como o falo; a projeção de cada um na relação com pai/mãe.

O grupo 4 viveu a questão do terceiro excluído. Construiu uma casa, com divisórias e um quarto para uma pessoa, onde os bois serviam de adorno. Na fala deste subgrupo, era importante a individualidade, a privacidade e a sexualidade.

A verbalização permitiu a compreensão da mensagem grupal. Ouvindo a fala de cada grupo e constatando sua produção foi possível compreender que sentimentos e necessidades passam pela revivência da atualização edipiana. Foram trabalhados o matricídio, a revivência do falo e da castração, assim como a exclusão do terceiro na busca do seu deslocamento para outro objeto.

Motivos simétricos

É comum que adolescentes vivam muitos conflitos com seu próprio corpo. As modificações emocionais, nesta fase, têm uma representação no corporal. O adolescente sofre, há mudanças corporais intensas com o próprio crescimento, difíceis de serem aceitas numa sociedade onde surgem tantas cobranças.

Motivos simétricos vêm para favorecer a efetivação da noção de completude do masculino e feminino, que já começou a ser trabalhado pela criança, mas que só pode realmente se efetivar na adolescência. O amadurecimento que conduz à genitalização acontece nesta fase e, portanto, tornam-se mais intensas as fantasias de consumação do incesto e a busca de um parceiro, como solução, para a completude da genitalização.

Temos a considerar, também, que a família é o primeiro grupo social no qual vive a criança, onde só recebe. Depois surge a escola, onde a criança é, também, protegida. Com o aparecimento da adolescência, surgem exigências que atingem o psiquismo do jovem, a exigência de ser adulto. O adolescente só vai aprender a ser adulto não por exigência ou imposição de dogmas, mas por amadurecimento psíquico.

As propostas de simetria oferecem uma vivência única de integração. Esta integração se dá em acordo com a necessidade de cada pessoa. Variando essa necessidade, a pessoa pode estar em um momento de vivência que precise integrar as partes boas ou más do objeto: o passivo e o ativo, ou ainda perceber o outro lado de si mesmo. Na fase da adolescência, vincula-se à possibilidade de integração do masculino e feminino.

O sociopsicomotricista deve sempre ouvir o depoimento de cada um e não se fixar em modelos pré-estabelecidos.

Caleidoscópio

Os caleidoscópios mobilizam questões vinculadas à escolha e à perda. No adolescente, a escolha é uma questão de imensa importância, porque é nesta fase que começam as questões vinculadas à escolha do objeto.

A possibilidade de lidar com aspectos vinculados à totalidade, o bom e o mau, o masculino e feminino em processo de integração, facilitam poder escolher, elaborando perdas. Caleidoscópio, apresentado sob forma de mandalas, procura trabalhar a totalidade.

Proposta

A proposta é a Lei em Ramain-Thiers. Não pode ser dissimulada, não pode ser transgredida. Vincula-se à entrada do indivíduo na cultura, a sua socialização.

A Lei Maior mobiliza a situação interna de cada um, frente a como se viveu a sua situação edípica.

A formulação da proposta no *setting* Ramain-Thiers é exatamente o que permite ao indivíduo viver em sociedade, respeitando a si e ao outro, convivendo com os limites externos e internos. É o que favorece a não transgredir regras sociais, crescendo emocionalmente, deixando posturas egocêntricas. A proposta é escolhida pelo terapeuta de acordo com a

A estrutura da sociopsicomotricidade

demanda do grupo, a fim de que aquela possa vir a ser também uma forma de devolutiva para que se elaborem as necessidades pelo fazer. Simbolicamente, ela representa a Lei com referências próprias, que favorecem ao reconhecimento de dificuldades pessoais-sociais, de entrada na cultura.

CONCLUSÃO

As propostas da sociopsicomotricidade Ramain-Thiers vinculam recortes, cópias, encaixes a movimentos característicos das fases de desenvolvimento psicossexual, à luz da leitura sociopsicanalítica, o que é especificado nos Orientadores Terapêuticos Thiers.

É importante que o terapeuta possa fazer em seu grupo a leitura vertical, horizontal e transversal.

Leitura vertical em Ramain-Thiers é a leitura dos conteúdos emocionais de cada membro do grupo, que, em ressonância, por identificações, vai criando no *setting* a projeção do inconsciente do grupo, que permite ao terapeuta a **Leitura horizontal. A Leitura horizontal** também pode ser feita quando o terapeuta percebe na fala de um membro do grupo a emergência da necessidade do grupo.

Em geral, os grupos trazem, na sua fala, questões de pagamento, dificuldades financeiras, situação sociopolítica do país, que atravessam os grupos e que têm que ser respeitadas como atravessamentos do real e que devem ser lidos pela **Leitura transversal. A Leitura transversal** vincula os atravessamentos a questões institucionais, que se vinculam a dificuldades reais ou remetem a figuras de autoridade malresolvidas no emocional de cada um. O cenário econômico, social e político do país permeia as questões antes consideradas só emocionais. O indivíduo vive suas emoções na sociedade!

Vide fotos no final do livro:

- foto 1 — Volume
- foto 2 — O fundo do mar
- foto 3 — A família

3 - O SOCIOPSICOMOTRICISTA — SUA IDENTIDADE COMO TERAPEUTA

Solange Thiers

A identidade do Sociopsicomotricista discrimina-se pela sua formação e sua atitude dentro de um grupo.

Quem é afinal o Sociopsicomotricista?

Em uma sala clara, frente a um grupo disposto em mesas e cadeiras, na forma de semicírculo, situa-se o Sociopsicomotricista. O manejo de seu trabalho pressupõe uma preparação anterior do material a ser distribuído, que é o instrumento da relação.

A disponibilidade do Sociopsicomotricista para com o grupo deve ser incondicional; ele deve ter os seus conteúdos emocionais bem trabalhados para não se misturar e poder fazer a leitura dos fatos que acontecem dentro do grupo.

O Sociopsicomotricista não deve temer sua atuação nas devolutivas ao grupo, porque ele dispõe não só da sua terapia, da sua supervisão, como também do embasamento teórico que a formação oferece, que, na intersubjetividade da dinâmica, põe em jogo a sua saúde mental. A grande dúvida dos grupos em formação profissional é: fonoaudiólogo ou psicomotricista podem fazer devolutivas? Imagina-se que este direito seja só do psicólogo. Naturalmente, que cada categoria profissional tem um nível diferente de percepção e só vai agir diante do que é capaz de perceber; pode ser que aí o psicólogo tenha mais recursos. É importante definir que a formação dos terapeutas Thiers oferece uma possibilidade de maior atuação no campo emocional para todas as categorias profissionais. De que valeria a formação Ramain-Thiers se ela não pudesse despertar uma outra forma de leitura mais abrangente, e diferente da formação básica?

Terapeutas, falo com vocês numa linguagem quase coloquial, porque conheço de perto o momento de dúvida e incerteza que vivem, porque sou não só fonoaudióloga, como também pedagoga, psicóloga e psicanalista. Em cada momento diferente de formação, sempre atuei como terapeuta, pondo em jogo não só meus conhecimentos como também minha sensibilidade e saúde mental.

A identidade do Sociopsicomotricista Thiers é única, porque ela integra em si, além da sua própria experiência de vida, a condição de aceitar trabalhar o indivíduo global: corpo-mente-afetos-social. Ele não vai trabalhar só a fala, ou só os dados de cognição, ou só o inconsciente, ou só o movimento corporal, mas tudo, despertando um ser que não sabia que estava adormecido!

As devolutivas podem ser feitas por interpretação, por clarificação, através de uma proposta, pela leitura horizontal ou individualmente.

Em grupo de crianças, o Sociopsicomotricista deve falar e agir, não só na hora da verbalização, mas também na hora em que o fenômeno ocorre. A criança precisa de uma presença mais imediata e não há porque o terapeuta se omitir. Muitas vezes, depois de uma vivência com prancha de pregos, contas, canudinhos coloridos, as crianças se excitam e expressam a mobilização interna por desrespeito aos limites. É através da intervenção do Sociopsicomotricista, mostrando o que acontece sem precisar agir com coerção, que o grupo se acalma. As crianças precisam reconhecer porque sentem tanta ansiedade ou vivem fantasias. O material interpretado ou pontuado acalma a criança.

A mobilização da libido é muito intensa em todos os grupos Ramain-Thiers, quer sejam crianças, adolescentes ou adultos. A Sociopsicomotricidade Ramain-Thiers não se faz, simplesmente, pela sucessão de propostas. O terapeuta assume uma postura ativa quando através de sua sensibilidade oferece uma proposta que se vincula à necessidade vivencial do grupo.

Caso os terapeutas ajam somente repetindo o esquema de repressão do social, onde a instrução é ordem e tem que ser cumprida, a fala não pode existir e a coerção e rigidez é que mantêm a disciplina do grupo. Assim não podem ter a identidade de Sociopsicomotricistas, pois não mudaram sua atitude com o trabalho e precisam estudar mais o desenvolvimento emocional das crianças e os subsídios de supervisão, bem como submeter-se a mais horas de Ramain-Thiers, porque não estão em condições de atuar num grupo, por continuarem com a mentalidade de inflexibilidade e não de terapia. É o seu emocional que precisa ser mais trabalhado.

A criança é mais espontânea que o adulto e se solta mais frente às propostas; portanto, se mobiliza mais intensamente e mais rapidamente. Não entende, porém, o que está lhe acontecendo e o Sociopsicomotricista precisa estar em sintonia com o grupo para ajudá-lo. No trabalho de movimento corporal com crianças, deve-se oferecer a proposta, que deve ser de natureza lúdica. O terapeuta não deve ser formal. As crianças têm muita dificuldade e reagem fazendo tudo, menos o que lhe é proposto. O Sociopsicomotricista precisa soltar-se e entrar na relação, acompanhando o grupo. Isto quer dizer que a própria atividade que as crianças estão fazendo transforma-se, inicialmente, em proposta para o grupo. Exemplo: as crianças correm de um lado para o outro; o terapeuta deve dizer: "continuem correndo, andem mais devagar, devagar até parar". Ele precisa entrar no mundo da criança, deixá-la viver sua necessidade e trazê-la para um tipo de proposta como ritmo, que pode acalmá-la. As crianças entram em ansiedade e tumulto porque não podem executar certas propostas, e o terapeuta, para trabalhar a criança neste estado de ansiedade, participa da proposta dela. Para crianças, o movimento pode até ser mostrado. A criança precisa mais do modelo que o adulto e o Sociopsicomotricista age como agente identificatório. Em casos extremos, ocasionalmente, o Sociopsicomotricista pode fazer junto.

Em grupos de adolescentes maiores, a dinâmica é mais próxima do movimento do adulto, embora também tenha peculiaridades. A proposta é dada, a nível verbal, de forma certa e precisa, embora o grupo deva ser interrompido, caso não tenha entendido e estejam fazendo de qualquer jeito. Caso a pessoa não tenha conseguido internalizar a proposta, pode-se ir até ela. Pode-se, também, parar em frente e mostrar o movimento, enquanto o grupo continua vivenciando.

Algumas vezes, o tempo de vivência de uma pessoa no grupo é defasado. É mais longo sempre. Quando sempre a pessoa faz um grupo esperar, é preciso que o movimento seja cortado quando 2/3 tenham concluído. Ramain-Thiers rompe a célula narcísica e esta é uma forma de integrar o indivíduo a seu meio, pois o grupo não deve se alienar da realidade.

A estrutura da sociopsicomotricidade Ramain-Thiers 43

O Sociopsicomotricista deve confiar em si, porque faz uma formação especializada, viveu um processo socioterapêutico com a metodologia Ramain-Thiers, recebeu supervisão suficiente para lhe garantir flexibilidade e liberdade no atendimento.Temos o recurso do tempo livre ou atividade dirigida, em que podem ser usadas atividades de construção ou atividades que promovam a regressão. Entre as atividades de construção, situam-se a confecção de objetos a partir de caixas, depósitos que permitam a vivência do tridimencional.

Entre as atividades regressivas, encontramos a pintura, argila, as vivências de picar papel ou as vivências de jornal. Tudo deve ser inserido de acordo com as necessidades do grupo.

Todas as propostas Ramain-Thiers precisam ser usadas de forma alternada, nunca seguidas ou repetidas. O importante, na essência do Ramain-Thiers, é o lidar com o novo que desestrutura e reorganiza, a cada momento, os conteúdos internos de cada um.

O que está implícito na atitude do Sociopsicomotricista Thiers?

Basicamente, a condição pessoal de se manter em atenção interiorizada. Isso não significa atenção concentrada. Atualmente, se sabe que a atenção interiorizada é um nível de atenção fluida que corre no corpo x mente, em sentido ascendente e descendente. Não é também atenção dispersa. Hoje afirmo, é um estado de atenção para ser presente ao grupo e a si próprio, na mobilização da própria energia. Estar liberto e espontâneo permite ser presente.

Outro tema que os terapeutas me perguntam muito é sobre a questão do silêncio e neutralidade do Sociopsicomotricista.

O silêncio é uma questão que se interliga à atenção interior. Em Ramain-Thiers, na formação, procuramos desenvolver esta condição de quietude interna, não passividade, porque é esta quietude interna do Sociopsicomotricista que favorece estar em relação disponível: ser sensível ao outro, ser criativo frente a situações inusitadas dentro do grupo. Não existe regra de comportamento, existe, sim, uma predisposição de estar com o outro, atento, silencioso, presente. Na vivência da diferenciada, o terapeuta não deve interferir nas folhas de trabalho de cada um. Ele circula dentro do grupo, pode ajudar as pessoas com mais dificuldades, nunca desenhando para elas, nunca criticando seus erros. Outras vezes, pode deixar que o erro exista para propiciar ao outro a vivência da quebra de onipotência, a aceitação de si.

O Sociopsicomotricista deve refletir que ele não é um condutor de tarefas; que o grupo não deve agir em função de seu desejo; que ele não pode controlar o grupo e, sim, oferecer-lhe espaço para crescer com limite. Alguns terapeutas criam propostas de Atividade Dirigida, e não deixam ao grupo um espaço para seguir seu próprio desejo de criação. A proposta de criação é livre, mesmo que o Sociopsicomotricista tenha imaginado outra coisa, é preciso silenciar e respeitar o grupo, interpretando as projeções no momento da verbalização.

A chamada neutralidade do terapeuta existe, também, dentro do Ramain-Thiers. É preciso que sua vida particular seja preservada e seus contatos com membros do grupo, fora do grupo, podem existir, terapêutica ou ocasionalmente, em situações fora do contexto. O que o Sociopsicomotricista deve evitar é ter, dentro do grupo, pessoas da família ou amigos íntimos, porque isto dificulta a terapia. Nada impede que o Sociopsicomotricista converse com alguém do grupo, caso o encontre fora do *setting*. É a transversalidade. Geralmente, os grupos tentam investigar a vida do Sociopsicomotricista, suas preferências. Cabe ao Sociopsicomotricista identificar se é um movimento invasivo, esvaziante ou de negação da relação terapêutica. Às vezes, é uma forma de avaliar o Sociopsicomotricista como pessoa. Precisa-se estar atento. Isto não acontece muito com crianças e, sim, com adolescentes maiores e adultos. O Sociopsicomotricista pode falar de si, só não falando de sua vida pessoal.

A questão da instrução é outro ponto de dúvidas no Ramain-Thiers. Antigamente, a instrução era dada só uma vez, ouvisse quem ouvisse, fizesse quem pudesse. Considero que o grupo deve poder entender o que é proposto. Concordo que, aqui, pode surgir agressão velada do grupo. Não entendendo proposta nenhuma, pode existir o movimento inconsciente da negação do outro ou alto nível de ansiedade, que impede a recepção. Tudo isto pode ser percebido até para ser trabalhado depois, mas na hora a pessoa precisa saber o que é proposto. Pensava-se que era preciso ouvir e entender, desde a primeira vez, que o terapeuta fizesse a proposta. Hoje sabemos que processos inconscientes interferem na recepção; que a ansiedade dificulta a introjeção. É preciso ser disponível, dentro dos limites. A terapia se faz a partir da maneira como cada pessoa viveu a sua formação Ramain-Thiers. A formação pretende mudar a atitude de cada um, frente a si mesmo, frente à sua formação básica, frente ao mundo.

A FORMAÇÃO

A formação do Sociopsicomotricista pressupõe um processo vivencial semelhante a outras técnicas. Para ser Sociopsicomotricista precisa passar pelo processo formativo, porque deve-se viver a experiência, para transformar o conhecimento, fazendo com que os princípios se tornem experiências vividas, para um melhor entendimento do processo.

O processo formativo desperta a sensibilidade, a quietude interna, mobiliza o inconsciente para que se torne consciente, aproxima a idéia do afeto e, sendo um processo grupal, favorece a que se descubra o outro, saindo de uma relação narcísica para uma relação com o outro, predispondo-se a viver em grupo, a melhor se inserir no social.

O Sociopsicomotricista deve estar inteiro na relação, sempre espontâneo na sua forma de ser, interiorizado para poder perceber que o acontecimento depende do contexto do grupo e da significância na singularidade de cada pessoa. A interiorização mobiliza as energias corporais ascendentes e descendentes, que acabam por permitir um fluxo energético mais intenso.

O contexto-grupo é o *setting* terapêutico onde as transferências ocorrem, centralizadas no Sociopsicomotricista e diluídas entre os participantes.

A transferência é uma relação de objeto, que revive uma história infantil. A transferência é de natureza inconsciente e, no Ramain-Thiers, em função da natureza de trabalho, tais transferências geralmente são negativas, no início, isto é, transferência com mãe má, pai mau, persecutórios. É mais difícil para o Sociopsicomotricista estabelecer a relação a partir de revivências que, para alguns, vinculam-se a frustrações ou processos psíquicos anteriores e conflituados. Todo terapeuta Thiers precisa saber disso para poder ajudar ao grupo e elaborar a emergência, quase imediata, de perseguidores internos, que

A estrutura da sociopsicomotricidade Ramain-Thiers

ficam projetados e personificados no terapeuta e em alguns membros do grupo. A primeira transferência em Ramain-Thiers geralmente é negativa porque o nosso *setting*, com mesas e carteiras escolares, com propostas que evocam questões de autoridade, fazem logo emergir os perseguidores internos de um passado infantil.

A origem da transferência ocorre a partir de modelos individuais e dependem de disposições inatas, constitucionais e das experiências dos primeiros anos de vida. Sendo o grupo Ramain-Thiers a revivência de um primeiro grupo de cada um, que é o grupo familiar, sendo o terapeuta a representação de figuras parentais e o grupo a fratria ou o continente materno, é claro compreender-se como as transferências ocorrem, por repetição de um ambiente favorável, ou desfavorável, um clichê estereotípico, onde circula a libido, a qual é determinante na vida erótica de cada um. As transferências, portanto, ocorrem, e sendo más e boas favorecem a integração do objeto.

O adulto transfere para o outro suas necessidades parentais, portanto é normal e comum que a tranferência ocorra num grupo Ramain-Thiers. O Sociopsicomotricista deve compreender que é a possibilidade do outro de atualizar, na terapia, o seu processo de cisão interna. Compreender o que é inerente ao processo e que não é a ele, terapeuta, que a carga de ódio é dirigida, por exemplo. Só assim ele pode fazer devolutivas integradoras. Pela natureza do nosso trabalho, que envolve o corporal, é comum o *acting-in*. O *acting-in* difere do *acting-out*, porque ele ocorre dentro do contexto terapêutico e é a manifestação angustiante. O Sociopsicomotricista deve estar atento para entender o que o grupo quer comunicar, desde os grupos de crianças, até os de adultos a nível clínico ou institucional, quer a nível horizontal, quer a nível transversal.

A leitura que se faz é uma clarificação não só do fenômeno aqui e agora, mas também a interpretação do que é verbalizado a nível dos quadradinhos, do arame, que suscitam o inconsciente. A clarificação é um estágio da interpretação. As devolutivas verticais estão ligadas ao momento emocional de cada pessoa, ao que uma mesma proposta foi capaz de desencadear na pessoa, diferente do outro. As devolutivas horizontais estão ligadas ao momento do grupo, à mensagem que o grupo comunica através das diferentes verbalizações. As devolutivas transversais sempre se vinculam à realidade de vida social, política e econômica que se vive, aos fatores intervenientes na situação emocional individual e grupal, ao movimento libidinal, que une os indivíduos. Nas devolutivas verticais é preciso acompanhar o *timming* do grupo e só fazê-la quando é permitido, pois, do contrário, não atinge os objetivos. Torna-se invasão e a introjeção de conteúdos não se dá. O Sociopsicomotricista é um facilitador para que a pessoa crie confiança no grupo, para trazer seus sentimentos e conflitos. As devolutivas não devem ser só em nível de ego, quando se pretende, realmente, uma forma de psicoterapia de grupo em que, o material Thiers seja o instrumento da relação.

O grupo é soberano em sua ação, pois mobiliza-se dentro de um código instituído, que vem do social, e um código interno, que é a Lei Ramain-Thiers: a instrução de trabalho. Afinal, Ramain-Thiers é também um trabalho de socialização que visa, também, preparar o indivíduo para aprender a viver em coletividade.

Quanto à Psicomotricidade diferenciada, o terapeuta deve estar ciente de que o tempo todo em que trabalha recortes, encaixes, cores, arame, superposições, está propiciando ao grupo viver, emocionalmente, etapas de seu desenvolvimento emocional, atualizando na ação, constatando no fazer.

Os grupos, em geral, de início, colocam-se em dependência. Isso acontece pela constante entrega de material feita, individualmente, pela voracidade de grupo, pela oralidade.

A autonomia de apanhar material alterna-se com a entrega feita pelo Sociopsicomotricista, é o momento em que os grupos começam a viver também a emergência da agressividade.

Os chamados movimentos de confronto são expressos pelas brigas dentro do grupo, hostilidade, agressões verbais, e em crianças, por agressões corporais. Cabe ao terapeuta Thiers permitir a vivência e colocar limite. É ele nesta hora que age, procurando a integração dos sentimentos, numa tomada de decisão que seja capaz de reagrupar. O terapeuta deve sentir, também, qual a hora em que o grupo está saindo do confronto e entrando em aceitação de líderes. As pessoas reúnem-se em duplas, grupos. O terapeuta passa a trabalhar em grupos maiores, ou usa propostas consideradas intermediárias, em movimentos, por exemplo, com dinâmicas em trios. É bom não esquecer que o grupo só é grupo quando se instala o mito. Só aí é que, realmente, pode-se viver em grupo: já romperam a célula narcísica, já viveram a castração simbólica e, em algum nível, passam pelo Édipo.

A identidade do Sociopsicomotricista pressupõe um profissional que mantém um bom diálogo com o próprio corpo, que desenvolveu muito a sua sensibilidade, na relação com o outro, que possui o domínio da técnica e que tem seus conteúdos afetivo-emocionais trabalhados, para se colocar em jogo na dinâmica dos grupos Ramain-Thiers, de forma autêntica e espontânea.

O Sociopsicomotricista é, portanto, um terapeuta que precisa assumir-se como tal, se é que deseja ocupar um lugar próprio no mercado de trabalho. Ser Sociopsicomotricista não é só ser psicólogo, fonoaudiólogo ou psicomotricista; precisa especializar-se em Ramain-Thiers. A escolha do campo de atuação é uma escolha pessoal, porque se baseia nas condições emocionais de cada um.

BIBLIOGRAFIA

ABERASTURY, A. *Adolescência,* Porto Alegre, Artes Médicas, 1990.

BARENBLITT, G. *Grupos, teorias e técnicas,* Rio de Janeiro, Graal-Ibrapsi 1982.

BARONE, L. *De ler o desejo ao desejo de ler*, Rio de Janeiro, Vozes, 1993.

BOSHLAVSKY, R. *Orientação vocacional, a estratégia clínica*, São Paulo, Martins Fontes, 1980.

BLOS, P. *Adolescência*, Rio de Janeiro, São Paulo, Martins Fontes, 1985.

DOLTO, F. *A causa dos adolescentes*, Rio de Janeiro, Nova Fronteira, 1990.

FREUD, S. "Três ensaios sobre a teoria da sexualidade infantil" (1905), vol. VII, *Ed. Standard Brasileira,* Rio de Janeiro, Imago, 1980.

_____ "Cinco conferências sobre psicanálise" (1910), *vol. XI, Ed. Standard Brasileira,* Rio de Janeiro Imago, 1980.

_____ "Recomendação aos médicos que exercem a Psicanálise" (1912), vol. XII, *Ed. Standard Brasileira,* Rio de Janeiro, Imago 1980.

_____ "Totem e tabu" (1913-1914), vol.XIII, *Ed. Standard Brasileira,* Rio de Janeiro, Imago, 1980.

_____ "Conferências introdutórias sobre Psicanálise" (1915 - 1917), vols. XV e XVI, *Ed. Standard Brasileira,* Rio de Janeiro, Imago 1980.

_____ "Psicologia de grupo e análise do ego" (1921), vols. XV e XVIII, *Ed. Standard Brasileira*, Rio de Janeiro, Imago,1980.

_____ "O futuro de uma ilusão" (1927), vol. XXI, *Ed. Standard Brasileira,* Rio de Janeiro, Imago, 1980.

_____ *"O mal-estar na civilização"* (1930 [1927]), vol. XXI, *Ed. Standard Brasileira,* Rio de Janeiro, Imago, 1980.

GUATARRY, F. *Revolução molecular: pulsações políticas do desejo*, São Paulo, Brasiliense, 1987.

JUNG, C. *O Homem e seus símbolos*, Rio de Janeiro, Nova Fronteira, 1980

LAPASSADE, G. *La entrade en la vida*, Madri, Editorial Fundamentos, 1973.

_____ *Grupos, organizações, instituições*, Rio de Janeiro, Francisco Alves, 1983.

LAPLANCHE e PONTALIS. *Vocabulário da Psicanálise*, São Paulo, Martins Fontes, 1979.

LEVI - STRAUSS, C. *Antropologia estrutural*, Rio de Janeiro, Tempo Brasileiro, 1975.

_____ *As estruturas elementares do parentesco*, Rio de Janeiro, Vozes, 1982.

LECLAIRE, S. "O sujeito, o corpo e a letra: termos da análise", e "Tomar o corpo, a letra, ou como falar do corpo?". In: *Coleção Práticas de leitura*, Lisboa, Arcádia, 1977.

MAUSS, M. *Sociologia e Antropologia*, São Paulo, Edusp, 1976.

MEZAN, R. *Freud, pensador da cultura*, São Paulo, Brasiliense, 1985.

OSÓRIO, L. *Grupoterapia hoje*, Porto Alegre, Artes Médicas, 1986.

PAES, R. *Psicopatologia, sus fundamentos dinamicos*, Buenos Aires, Nueva Vision, 1976.

PEDROSA, I. *Da cor à cor inexistente*, Rio de Janeiro, Ed. Leo Christiano, 1989.

RAMAIN, S. e FAJARDO, G. *Structuration mental par les exercices Ramain*, Paris, EPI, 1975.
_____ *Perception de soi par l'attitude et le mouvement*, Paris, EPI, 1976

SCHORSKI, C. *Viena fin-de-siècle*, São Paulo, Companhia das Letras, 1988.

THIERS, S. *Orientador terapêutico Thiers para crianças "CR"*, Rio de Janeiro, Biblioteca Nacional, reg. nº 75.307, 1992.

_____ *Orientador terapêutico Thiers para adolescentes "AD"*, Rio de Janeiro, Biblioteca Nacional, reg. nº 79.695, 1992.

_____ *A Sociopsicomotricidade Ramain-Thiers: uma mudança conceitual*, Rio de Janeiro, Biblioteca Nacional, reg. nº 74.485, 1992.

TURNER, B. *El cuerpo y la sociedad*, México, Fundo de Cultura Economica, 1989.

CAPÍTULO II

A Compreensão da Psicomotricidade à Luz da Perspectiva Sociopsicanalítica

1. Objetivos do Trabalho Corporal em Ramain-thiers
2. Desenvolvimento Psicomotor — Abordagem Dinâmica
3. A Leitura Corporal na Sociopsicomotricidade Ramain-thiers
4. O Processo Criativo e a Sociopsicomotricidade Ramain-thiers
5. Orientação Quanto à Escolha de Propostas Corporais
6. A Sessão Propriamente Dita: Possibilidades e Limites
7. Psicomotricidade — Uma Abordagem Dinâmica
8. Corpo x Movimento
9. O Corpo Mnêmico
10. Estar em Contato
11. Reflexão

1 - OBJETIVOS DO TRABALHO CORPORAL EM RAMAIN-THIERS

Solange Thiers

GERAL:

Despertar a "atenção interiorizada"[1] e tornar o indivíduo uno nas relações entre o seu mundo interno e a sociedade em que vive.

ESPECÍFICOS:

a) liberar recalques corporais;

b) liberar a repressão sexual;

c) despertar a sensibilidade;

d) promover a integração mente - consciência corporal - afetos - social;

e) favorecer a formação do esquema e da imagem corporal;

f) facilitar a inter-relação do indivíduo nos grupos;

g) fortalecer o nível da realidade e a estrutura egóica.

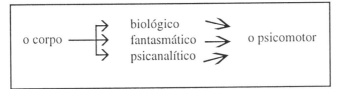

---

[1] Expressão usada por Simonne Ramain.

2 - DESENVOLVIMENTO PSICOMOTOR — ABORDAGEM DINÂMICA

Solange Thiers

II Congresso Internacional de Fonoaudiologia
Conferência nº 1- Rio de Janeiro-
novembro de 1984 - Revisão em 1997

Desenvolvimento é a própria evolução do Ser ... e evolução pode ser concebida a nível físico, emocional, mental, antropológico, social, lingüístico, psicomotor e até transcendental.

É preciso, portanto, definir o espaço que limita o enfoque que faço, que se situa a nível do desenvolvimento psicomotor, num enfoque dinâmico. Neste campo, há entrecruzamento de diferentes teorias e abordagens. Há paralelismo, dependente da posição em que os estudiosos da área consideram a criança, que centraliza de forma polêmica as correntes e o pensamento daqueles que se dedicam a procurar entendê-la, para melhor ajudá-la a crescer.

Nesta abordagem, como profissional que tem contribuído na formação de outros que também atuam em desenvolvimento, sinto-me comprometida a trazer, não só a contribuição que valido como importante, mas também a engajar-me, apresentando como concebo o desenvolvimento.

O desenvolvimento pressupõe organismo-emoção, corpo-mente, um todo que caminha na procura de si mesmo, que é a sua identidade, sob influência de fatores familiares e sociais. O desenvolvimento psicomotor engloba em si a inter-relação do desenvolvimento motor, do psiquismo e da inteligência. A minha experiência clínica comprova que crianças com organicidade comprometida sempre evidenciam problemas emocionais e, nestes casos, não é possível deixar de se pensar na globalidade, cuja única possibilidade de recuperação é perceber que ela encontre o equilíbrio para ser feliz em seu ambiente. Para isto, não é necessário que esteja de acordo com o que é prescrito por tabelas. Os conceitos de saúde devem ser particularizados a cada pessoa, pois a saúde emocional depende de se cobrar a perfeição e aprender a lidar com suas próprias dificuldades, superando-as pelo experienciar e pelo equilíbrio que outras áreas são capazes de oferecer.

Na verdade, o desenvolvimento psicomotor, além da sua base e correlação neurológica, tem íntima ligação às primeiras relações objetais e é, por esta razão, que os terapeutas que atuam em desenvolvimento só conseguem bons resultados no desejo de devolver saúde a seus pacientes, em qualquer técnica, se estabelecido o bom *rapport*. E o que é o bom *rapport* senão o reencontro da criança com uma situação transferencial de mãe boa, que lhe oferece ambiência a tal nível, que lhe facilita a introjeção de novas aquisições.

Minha experiência mostra que é importante que a criança possa ser desenvolvida por um só profissional a cada tempo, e isto porque a criança que nos procura já se apresenta fragmentada em sua estrutura egóica, tal o nível de frustrações experimentado. Quando a atendemos, não é exatamente um aprendizado o que ela busca, mas sim uma organização interna que irá se colocar no externo, de forma adequada. E, nestes casos, o terapeuta representa o elemento externo integrador, capaz de receber a sua fragmentação, a sua ambivalência de afetos, de forma equilibrada e sadia, e devolver-lhe a integridade de que não se destrói quando a criança experimenta, na sua agitação ou instabilidade, mostrar que é má e que seu mundo interno não é bom. Só desta forma a criança começa a não temer a si própria, a poder confiar em si e desenvolver-se para a realidade.

O princípio fundamental do desenvolvimento psicomotor é a evolução do próprio ato motor que, de início, é de natureza reflexa-primitiva, que é a própria genética da espécie. Na vida intrauterina se manifestam movimentos, ações e reações, que no nascituro são a sucção, a apreensão, a deglutição e os reflexos primitivos. Estas primeiras manifestações do ato motor no bebê são de natureza visceral. É a primeira organização cinestésica. É a primeira forma de emoção primária. A mielinização das células do sistema nervoso vai dando a garantia de maturação neurológica e muscular, a essência da possibilidade psicomotora. Para Ramain-Thiers, o processo de evolução do movimento do corpo, da conscientização da ação, é o que realmente nos interessa, pois o ato motor isolado não tem significado. Ele ganha espaço quando pode ser a expressão do Ser no mundo, e aí encontro Merleau Ponty afirmando que é essencial a intencionalidade para gerar o conteúdo, significação, expressão ao movimento do corpo, traduzindo a personalidade do indivíduo.

O trabalho corporal, pela experiência vivida, leva à ação consciente, porque a experiência favorece a relação e esta alarga a percepção de si e dos outros, alarga as possibilidades de insights, porque a atenção não se dedica, exclusivamente, a um único objetivo.

Para Ramain-Thiers, a repetição não deve existir; devem existir, sim, situações de desenvolvimento através de experiências onde a criança é capaz de buscar; na vivência anterior, recursos que, dinamizados, podem ajudá-la a associar livremente.

O ato motor no trabalho corporal é a possibilidade de descoberta de um estado de vigília. Um estado de atenção desperta o que nós chamamos de "atenção interiorizada" e que mantém estreita correlação com mobilizações, ao nível da substância reticular, que ativam o córtex cerebral e desenvolvem a percepção.

A base do processo corporal em Ramain-Thiers é a busca desta atenção interiorizada. Simonne Ramain definia a atenção interiorizada como um estado de energia desconhecida, difusa no organismo e que, através das suas propostas, o indivíduo descobre em si. Descobre como usá-la, quando necessário se faz, em estado de atenção. Viver permanentemente em estado de atenção não é nossa proposta, porque isto tira a espontaneidade da ação, mas saber fazer uso da sua própria energia é perceber o mundo, é buscar o equilíbrio, é, também, poder aprender pela experiência vivida. O equilíbrio, para nós, não é um estado de acomodação. É, muitas vezes, um estado transitório de aceitação de si, naquele momento de vida. Isso não representa um limite permanente, porque Ramain-Thiers preocupa-se em mobilizar os aspectos energéticos do ser humano e, portanto, a sua evolução.

O corpo é concebido como uma globalidade, com segmentos, que agem de forma harmônica, experienciando níveis de tônus diferentes, sensações de peso de corpo, de apoio ao solo, de equilíbrio, ritmo intenso, mobilização dissociada de segmentos, que é um processo de alternância de atenção, portanto da alternância dessa interioridade

A compreensão da psicomotricidade   55

energética. E deixar fluir a atenção é estar relaxado, é deixar acontecer o que acontecer, é apenas se deixar sentir, sem racionalizar, e é esta consciência de si, interligando-se à atuação do orgânico, que dá ao gesto a sua precisão e ajustamento.

O desenvolvimento pressupõe que o outro atinge a maturidade a seu tempo, porque o importante é despertar a motivação para agir, para buscar melhor a sua qualidade pessoal. Aos poucos, se modifica a atitude e aí é que fica a base da possibilidade de agir e reagir. A atitude, que é um estado desperto que Ramain-Thiers desenvolve, mantém íntima relação com recepção, integração perceptiva e discriminação.

Para se atingir a chamada atitude, que é muito mais que um estado interno que um modelo externo, é necessário que o indivíduo esgote o experenciar de suas possibilidades de mudanças de energia interna, quebrando estereotipias corporais, que também são defesas emocionais primitivas.

Segundo algumas correntes de pensamento, a atitude é um estado de prontidão neurológica, descoberto e organizado, através de experiências facilitadoras. Na minha concepção de desenvolvimento psicomotor, é importante a revivência muito primitiva, a qual preenche lacunas de um estágio que antecede o verbal e que é o corpo-a-corpo, mãe e filho, portanto, inicialmente, de natureza homossexual, porque é desta forma que o bebê vive, de forma indiferenciada, a relação com a mãe.

Apresento alguns enfoques de teorias que enriquecem a percepção de como os fatores emocionais interferem no desenvolvimento e na relação corpo-ação.

O ser humano, na busca de suas satisfações de necessidades libidinais, encontra, no corpo, seu mediador de prazer, e para Freud a criança sente-se conflituada entre a sua própria energia libidinal e as forças repressoras de figuras parentais, conflito esse que acaba por fixar-se no corpo, de forma reprimida, recalcada.

As teorias neo-freudianas vêm buscando encontrar correlações mais íntimas entre o desenvolvimento emocional e as correlações corporais, valorando a importância de relação materna no difícil processo de individuação, na formação do esquema corporal e da imagem corporal.

Bettelheim defende o posicionamento de que o desenvolvimento da fala, do balbucio, do pranto, do esquema corporal dependem de como o bebê, como ser ativo, adaptou-se ao ritmo da mãe e de como viveu, com esta mãe, um estágio de vigilância tranqüila, como lactante. As respostas adequadas da mãe geram a base para o processo de comunicação. Assim, favorecem a centralização de sensações difusas pelo corpo do bebê e o ajudam a desenvolver as primeiras sensações de si mesmo, do seu eu corporal. No processo de desenvolvimento, de relação constante de trocas com a mãe, a criança vai se sentindo em separado da mãe, não mais um objeto fusional, e esta chamada crise de autonomia favorece a delimitação do mundo da criança em **eu** e **não eu**. Este fato não só se dá emocionalmente, como delimita o corpo, com impulsos e vontades, que atingem a individualidade, na relação com o outro.

Bettelheim situa de seis meses a nove meses o período no qual a criança participa de acontecimentos exteriores e sentimentos desagradáveis, pelas mudanças que ocorrem até no nível da alimentação, quando ela começa a ingerir alimentos sólidos. Este tipo de prática, que parece tão natural, tem grande influência para a criança separar o familiar do não familiar e assim, de forma primitiva, começar a discriminar. É chamada de ansiedade de 08 meses.

Aos 18 e 24 meses, ela começa a viver nova crise, que é o estabelecimento de relações com o meio, para encontrar a realidade sadia.

Nos casos patológicos, a criança que não supera a simbiose fisiológica permanece no autismo, não consegue a sua personalização.

A minha experiência clínica tem comprovado que a impossibilidade de romper totalmente a simbiose funcional traz, a nível psicomotor, a evidência da falta de esquema corporal e problemas de lateralidade.

Sabe-se que a lateralidade, a nível maturacional, deve estar definida em torno de 7 anos. Sabe-se, também, que isto nem sempre acontece e que o psicomotricista, muitas vezes, fica sem recursos para resolver o problema.

A hipótese que levantei passou a encontrar referências no estudo de pessoas com problemas de lateralidade e o levantamento de testes específicos de personalidade. Começou a haver uma relevância estatística entre a lateralidade não definida e problemas de personalização, vazio interno, superproteção materna, sentimentos de rejeição, abandono e desejo irrefreado de ser a vontade do outro.

Através de Ramain-Thiers, trabalhando a globalidade do sujeito, isto é, a restauração de vivências primitivas, a ação consciente, o corte da dependência, constatei, ao final do trabalho, que as pessoas já se sentiam inteiras, com sua lateralidade definida, identificando o **eu** do **não eu,** de forma não aprendida, mas sim sentida e introjetada.

A dificuldade na criança de separar-se da mãe é, na maioria dos casos, necessidade da mãe em não permitir que seu filho encontre sua própria identidade. Muitas vezes é necessário que a mãe seja atendida para permitir a separação do filho. É um estado conflituado para a mãe, porque há um desejo inconsciente, vinculado à rejeição e superproteção, que se opõe à vontade consciente de ter seu filho com saúde. Esta mãe precisa de apoio e não crítica.

Na verdade, a criança que emerge o problema na família é, em geral, o depositário de toda a doença da família, como o bode-expiatório da liberação dos pais. Esta ação inconsciente dos pais é uma abordagem dinâmica da família doente, que precisa ser ajudada, para que permita a saúde em seus membros e não venha a buscar sempre novos emissários da sua doença.

As patologias da fala, da escrita, da aprendizagem, além do nível neurológico de manutenção, podem ser compreendidas pelas necessidades dos pais em impedir a criança de comunicar ao mundo sua doença, embora a criança denuncie a doença familiar da qual ela é depositária!

A relação mãe-filho é muito importante. É um diálogo afetivo que, transferido ao mundo de objetos, favorece à criança a aquisição da linguagem oral. Foi Melanie Klein quem primeiro formulou hipóteses sobre a importância da vida emocional do bebê.

Para Melanie Klein, a base do processo emocional da criança se dá a partir das próprias pulsões iniciais de vida, na relação com a mãe. As pulsões de agressões e de amor são projetadas no seio que alimenta e, à medida que ela projeta seus impulsos destrutivos no seio, ela fantasia que este seio é persecutório, que este seio é capaz de lhe destruir e vive uma ansiedade de perseguição. Impulsos de amor, projetados no seio, levam o bebê a introjetar o seio como bom, gratificante, capaz de lhe dar o calor, alimento, afeto.

A compreensão da psicomotricidade

Após meses, quando o bebê começa a ter experiências mais gratificantes que ameaçadoras, a nível de suas fantasias inconscientes, à medida que sente a mãe como objeto total, bom e mau, ela vivencia um outro estágio de desenvolvimento onde a mãe é sentida, não mais como partes, mas como um todo com dois pólos de si mesmo, integrado: boa e má. Este processo tão primitivo de vida do bebê, através de projeções e introjeções, gera os primeiros rudimentos de natureza egóica, que, além de formar o núcleo de personalidade, relaciona-se com o desenvolvimento psicomotor, ao nível de segurança, para explorar o mundo externo, ao nível das sensações de temporalidade e também de dificuldades respiratórias.

Quando me refiro à exploração do mundo externo, é porque a segurança que o bebê adquire o leva a estender à relação materna, à relação paterna, e conseqüentemente ao mundo dos objetos, processo este indispensável à coordenação óculo-manual da criança e conseqüente descoberta do mundo. A entrada da função do pai é muito importante no processo de segurança interna, formulação de limites.

A manipulação dos objetos é um processo transferencial desta segurança interna, colocada no mundo externo, a partir de si mesma, da exploração do seu próprio corpo e pelo processo de evolução da libido.

O processo de evolução da libido apresenta como primeiro espaço o *espaço oral*, que evolui e passa, a níveis de sensações musculares e cutâneas capazes de gerarem respostas motoras, domínio do corpo, modificações de posturas e a própria locomoção.

A chamada conquista do espaço vai de zero a três anos e depende, também, das condições neurológicas da criança. Os momentos de temporalidade, tempo interno, mais tarde ritmo interno, vincula-se ao maior ou menor nível de ansiedade com que o bebê vivenciou suas fantasias de espera do retorno do objeto, do seio que gratifica e lhe dá calor ou do seio que o ameaça destruir: da projeção e introjeção resultam a maior ou menor condição de respiração tranqüila, lenta, suave.

A experiência clínica com adultos que apresentavam respiração entrecortada, curta, ansiogênica, disfonias, num processo de vivência regressiva primitiva constatou através de sessões clínicas que as primitivas relações de vida foram difíceis: não sugaram o seio, não puderam usufruir das primeiras relações gratificantes e, na maioria das vezes, o parto também foi difícil, ou foram crianças com voracidade ao seio, crianças que sugavam o seio com tanta ansiedade persecutória que se sufocavam, engasgavam.

Sem dúvida que são inseparáveis, **organismo** e **emoção**. Dificuldades respiratórias quando embasadas em aspectos fisiológicos podem ser explicadas também pelo reviver de angústias primitivas, de não se dar o direito de receber o mundo externo por inúmeras razões que cada caso, em particular, pode oferecer.

Winnicott também encontrou sempre correlação entre o físico e o emocional e nós não podemos nos limitar a uma percepção unilateral. Pode-se optar por caminhos diversos, mas nunca abdicando de perceber o ser como global, uno.

O processo de desenvolvimento emocional da criança tem repercussões no seu domínio de espaço e do tempo vivido, e o processo primitivo vai depender da integração, da personalidade e da relação com a realidade. Este processo vincula-se a uma situação que antecede o próprio nascimento. Para ele, o bebê deve nascer já em condições de viver com a mãe toda a intensidade da vida fusional, que ele chama de maternagem e, de cuja relação, cuidados físicos e emocionais, a criança vive noções de um limite de seu próprio corpo, noções rudimentares de que este limite contém um corpo que, dentro de si, tem sentimentos bons e maus. É importantíssimo para a criança a mãe "suficientemente boa" e sempre presente às necessidades do bebê, a fim de que ele integre as partes não integradas de sua personalidade, à medida que integra a mãe e se integra. Esta vivência vai repercutir no desenvolvimento da sensação corporal, do limite de si e, no futuro, do esquema corporal e imagem corporal. O desenvolvimento da mente da criança vai depender de como ela vivenciou o objeto transicional (a fralda, o urso de pelúcia, o brinquedo), que, aos poucos, vai oferecendo à criança condições de sair da relação unicamente com a mãe e, através das fantasias que estes objetos oferecem, a entrada no mundo externo, na realidade. Este processo transicional é a base da criatividade na criança.

O desenvolvimento mental vai depender fundamentalmente do ambiente, ambiente este que é a mãe, ajudando a criança a se encontrar e encontrar a realidade, através de sua presença, seu carinho, sua participação ativa, sua condição de deixar seu filho crescer emocionalmente.

Quanto à nossa realidade, sabemos que a crise econômico-financeira é real, e onde há dificuldades angustiantes na sociedade para a manutenção dos próprios níveis básicos de alimentação é difícil de se esperar que os pais possam estar sempre disponíveis às necessidades de seus filhos. As mães precisam trabalhar para auxiliar na manutenção do lar. É difícil manter o atendimento individual, elitista, de consultórios. Ramain-Thiers em grupos atende melhor esta lacuna.

Quanto ao desenvolvimento de funções básicas mentais, o Ramain-Thiers oferece como subsídio uma gama de possibilidades experenciais, que são vividas através de objetos que, no contexto do processo, representam os objetos intermediários da relação, que tanto a criança necessita para sair da relação dependente com a mãe.

Em Ramain-Thiers, são os lápis de cor, papéis quadriculados, o arame, os barbantes coloridos, as bolas, as tintas e sucatas que ocupam o espaço do instrumental, do material intermediário que promove a emergência de situações emocionais, facilita a revivência de regressões emocionais e crescimento pessoal. Favorece ao desenvolvimento das funções básicas mentais, sem privilegiar este aspecto, mas pelo próprio experenciar.

Entre outras funções que Ramain-Thiers desenvolve estão o despertar da criatividade, o domínio da ação, a capacidade de recepção, decodificação-codificação, análise e síntese, discriminação visual, auditiva, tátil, noções de organização espacial, localização, posição e relação no espaço, fundamentalmente desenvolvidas a partir do estado de atenção que se atinge.

Este estado de atenção leva a criança a descobrir a motivação para agir, não só por um interesse, mas pelo que a própria situação se lhe apresenta. Ramain-Thiers acredita que o fato de viver escolhendo só situações agradáveis pode ser gratificante, mas satisfaz só ao princípio do prazer e não ao princípio da realidade, além de limitar o desconhecido, a condição pessoal de esforço na relação com o outro.

Aceitando-se viver o que se aparece como situação, o indivíduo alarga seu horizonte experencial de vida. A singularidade da metodologia é oferecer situações análogas a situações de vida, onde, para vivenciar, é necessário ser presente a nível emocional, intelectivo, motor, atitudinal, social.

A compreensão da psicomotricidade

Retomando a questão do errar, que em Ramain-Thiers tem um significado próprio, explicamos: ao buscar a solução de uma proposta feita com papéis e lápis, por exemplo, o sujeito se envolve consigo mesmo, com seus conteúdos afetivo-emocionais e erra no desempenho. Os materiais surgem como os "objetos transicionais", na transferência emerge a relação com a mãe boa x mãe má, pai bom x pai mau, e nos *settings* trabalha-se a atualização destes conteúdos.

Em Ramain-Thiers o erro é uma situação singular ... que não é enfocado sob a pressão que, geralmente, a sociedade lhe dá. Sabemos que um erro na vida deixa marcas, não se apaga ... mas sabemos, também, que o erro oferece condições de reparação. Assim, o erro tem o mesmo peso que o acerto, pois ele é a possibilidade de redescoberta de um novo caminho, de um novo potencial e isto é gratificante como acertar sem errar. Na vida, acertamos e erramos, e os lápis de cor, a fita durex, oferecem as condições de revivência de sentimentos como frustração, perda, luto pela perda e reparação do erro. Numa dinâmica muito própria é oferecido um desenvolvimento harmonioso, na inter-relação do ato motor, da inteligência e dos afetos.

O desenvolvimento de uma pessoa é uma busca constante de equilíbrio entre estados contrastantes de revivências que não se repetem e que buscam levar o indivíduo a se defrontar consigo mesmo, com os seus erros e seus limites.

3 - A LEITURA CORPORAL NA SOCIOPSICOMOTRICIDADE RAMAIN-THIERS

Solange Thiers

Mesa dedebates
DIFERENTES ABORDAGENS PSICOMOTORAS
V Congresso Brasileiro de Psicomotricidade
Salvador - 08.09.92

RAMAIN-THIERS é uma metodologia brasileira criada para atender às necessidades da nossa realidade. Trabalha as propostas corporais de base, mas também as propostas de relação, a sensibilidade, o reequilíbrio da energia corporal, liberação de recalques corporais. Todo o trabalho, exige do Sociopsicomotricista um conhecimento não só de Psicomotricidade, como também das fases de desenvolvimento psicossexual.

Para mim, como Psicomotricista, foi necessária uma formação sociopsicanalítica, a fim de que pudesse embasar o que a prática vinha oferecendo. O trabalho mobiliza a libido e as crianças ficavam sem limite, vivendo o total desrespeito à proposta, porque esta era inadequada à sua necessidade. De tanto pesquisar, concluí que as propostas corporais têm que acompanhar a fase de desenvolvimento psicossexual do grupo. É preciso trabalhar na demanda do grupo e, em Ramain-Thiers, é o *feeling* do terapeuta que define a necessidade do grupo. Sempre que o grupo não puder responder ao pedido, recomenda-se ser flexível e retornar a estágios anteriores.

O nosso trabalho não é só corporal; o corporal é parte de uma vivência global, que envolve a psicomotricidade diferenciada e a verbalização. Todo o trabalho acontece na transferência.

Embasada na concepção psicanalítica, afirmo que a primeira relação da criança com a mãe é fusional, narcísica, e que a mãe é sentida como objeto parcial. O primeiro objeto de amor é a mãe, indiferenciada. O prazer do bebê está restrito à boca, aqui abrangendo seio, braços que afagam, boca, saciedade da fome. O prazer concentra-se na boca, ela é a cavidade oral-passiva. A modalidade do prazer é o chupar, incorporar e, posteriormente, quando se torna ativa, o prazer estende-se a morder, devorar.

Um grupo Ramain-Thiers, na fase oral, vive uma intensa dependência do terapeuta, há prazer em morder lápis e outros materiais. Na sessão, tomam água a toda hora, comem bala, biscoito etc..., ao mesmo tempo que fazem as propostas de expressão motora muito rápido, como que vorazes para receber mais.

Nestas horas, as propostas corporais que atendem a esta demanda são:

• sensibilidade corporal feita com materiais diversos, buscando desenvolver a sensação cutânea;

- propostas respiratórias facilitadoras do processo de introjeção e projeção, pelo inspirar e expirar. A boa relação entre a introjeção e projeção trazem equilíbrio egóico;

- identificação do movimento frente ao outro — facilita a diferenciação do objeto fusional;

- relaxamento — trabalha o tônus, o afetivo, como facilitador da disponibilidade do indivíduo.

- sonorização — repete situações arcaicas vividas com a mãe: regressão, lembranças encobridoras;

- olhar — sendo a primeira relação de facilitação do movimento de separação da mãe;

- alimento — revive situações arcaicas, facilita a introjeção;

- bola — é material fundamental, porque favorece a inúmeras propostas, quer seja bola jogada, quer seja bola sentida. Há diferentes tipos de bola — borracha, silicone, espuma, tênis e pano;

- e a alternância de propostas facilita a revivência de integração do objeto total, em confronto com o limite do externo, da reconstrução egóica.

A fase anal tem como zona erógena o ânus e o prazer resulta da expulsão ou retenção das fezes, da concepção do bolo fecal como representação da primeira grande produção. A característica mais intensa desta fase é a agressividade. A nível didático, a fase anal divide-se em anal expulsiva e anal retentiva. A anal expulsiva tem como modalidade de prazer o expulsar, o destruir e a relação objetal é de ambivalência. É um estágio pré-edipiano, onde o prazer de evacuar, o aprendizado fica reforçado não só pelo interesse dos pais, como também pelo social.

Na fase anal retentiva, a criança já descobriu a importância que os pais atribuem ao evacuar e pode obter prazer pela retenção das fezes, que toma um duplo sentido; pode ser o desejo de obter afeto ou demonstração de hostilidade.

A fase de controle esfincteriano leva a criança a viver sob exigências de controle. Adquire noção de propriedade privada, posse, que é poder.

Em RAMAIN-THIERS, um grupo mostra-se nesta fase, quando surgem lutas internas, na busca de obter poder. Aparece a tentativa de destruição de material, sujeira nos trabalhos com cola ou escrupulosidade, mobilização intensa pela argila, tintas.

A proposta corporal, aqui, deve estar ligada à organização espaço-temporal, com propostas de deslocamento cadenciado, deslocamento com trajetórias e obstáculos, ritmos de uma forma geral, simetrias corporais e equilíbrio.

A compreensão da psicomotricidade 63

Esta natureza de proposta oferece o reviver de exigências parentais, exigências de percurso, controle.

A simetria corporal favorece a revivência do binômio **ativo x passivo, conservação x expulsão**. A simetria é trabalhada aqui um frente ao outro.

As propostas de equilíbrio surgem como possibilidade de integração do **interno x externo**, mundo interno, mundo externo.

A fase fálica, estágio edipiano — a modalidade do prazer —, está em urinar e reter a urina. A criança vive as protofantasias da cena primária, a descoberta anatômica dos sexos e a castração.

A angústia de castração é universal e vincula-se à angústia da morte, e tem vinculação direta com o Complexo de Édipo. Ao constatarem a castração, as meninas buscam o pai como objeto de amor, iniciando o Complexo de Édipo, enquanto que os meninos, ao constatarem a castração, abandonam a mãe como objeto de amor e procuram as meninas para namorar.

Em RAMAIN-THIERS, os terapeutas, ao identificar este movimento grupal, devem oferecer propostas de noção de eixo corporal, segmentos, lado direito e esquerdo do corpo. Este tipo de proposta vem favorecer a conscientização do esquema corporal, a criação da imagem corporal e a descoberta da possibilidade do corpo como recurso egóico. Lidar com o eixo corporal e os dois lados do corpo faz reviver as suas dúvidas quanto à identificação.

O hemisfério esquerdo tem vinculação com o pensamento analítico, funções verbais, matemáticas. Vincula-se ao lado direito do corpo que mobiliza a agressividade, a assertividade e o autoritarismo, simbolicamente com representação paterna.

O hemisfério direito é responsável pela orientação espacial, pela arte, pela imagem corporal, pela percepção do todo. A sua relação é com o lado esquerdo do corpo, que são a emotividade exagerada, a passividade relativa, a condição de criação, simbolicamente com representação materna.

As propostas de dissociação em RAMAIN-THIERS têm a finalidade de integrar direita e esquerda, mobilizar os dois hemisférios cerebrais, o que repercute de forma enriquecedora na vida de cada um, pois pela reconstrução das figuras parentais há liberação de criatividade, maior produção social, intenso desejo de viver.

O terapeuta deve propor situações de dupla e trio, onde a relação com o outro passe pela sensibilidade.

A fase genital é reeditada na adolescência, quando já se pode realizar, sexualmente, as primeiras fantasias edípicas que, interditadas pela lei, leva o adolescente a deslocar seu desejo para outro parceiro(a) sexual.

Quando o terapeuta identifica o momento de saída do Édipo no grupo Ramain-Thiers deve propor, a nível corporal, vivências de dupla para experimentar entrega e confiança, propostas de entrelaçamento em duplas ou grupo, utilizando material complementar como cordas, barbantes.

A liberação de recalques corporais pode ser feita com auxílio de materiais intermediários, no corpo do outro, que funcionam como massagem em pontos nodais. Pode-se, nestes casos, utilizar bolas pequenas.

Os movimentos de esforço na expiração têm como finalidade promover o alongamento que, psiquicamente, significa mobilizar o desejo de crescer emocionalmente.

Em síntese, a proposta de trabalho corporal em RAMAIN-THIERS funciona interligando sempre o emocional ao ato motor, dentro da demanda do grupo, que é o microssocial.

4 - O PROCESSO CRIATIVO E A SOCIOPSICOMOTRICIDADE RAMAIN-THIERS

Solange Thiers

No ano de 1993, ao assistir ao desfile das escolas de samba do grupo especial do Rio de Janeiro, um espetáculo grandioso de beleza, harmonia, ritmo, sensibilizei-me ao constatar que o desfile não era só a realização de um povo sofrido que se aliena na fantasia que o Carnaval propõe, mas era sobretudo um espetáculo de criatividade e psicomotricidade.

Meus pensamentos divagaram no que teria sido a exigência do trabalho corporal a que o povo de cada comunidade se submetia para, enfim, adquirir a precisão de gesto, o engajamento corporal no chamado samba no pé. E isto também é psicomotricidade ... O ritmo da bateria, a cadência dos corpos que se agitam nos passos marcados, a harmonia dissociativa com os movimentos de braços que sustentam alegorias de mão, estandartes. E o movimento de encaixe e desencaixe da bacia que dá à mulher brasileira a ginga conhecida internacionalmente... A organização espacial na distribuição das alas... a velocidade sem perda de qualidade.

É uma amostragem do nosso povo que é reconhecida internacionalmente. Uma parte da nossa cultura é fruto da psicomotricidade.

E nesta hora pude constatar, a cada escola que desfilava, a criatividade manifesta tanto no enredo da escola, como nos carros alegóricos e nas fantasias...

E o refrão do Salgueiro, campeão de 93, ecoa ainda na minha lembrança:

> *"Explode coração*
> *Na maior felicidade*
> *É lindo meu Salgueiro*
> *Contagiando e sacudindo*
> *Esta cidade.*
> *E lá vou eu."*

Na criatividade de Mário Borrielo, carnavalesco da escola, surgiu uma questão social expressa de uma forma muito feliz pela Escola: a migração dos nordestinos para o Rio de Janeiro, em busca de uma vida melhor!

Representado por um Ita que saía do porto de Belém, o Salgueiro vinha mostrando a cultura dos povos no Nordeste que se agregavam até chegar ao Rio de Janeiro. E no sonho do artista, entre outros carros alegóricos, era belíssima a réplica do casario de azulejos de São Luiz no Maranhão, o maracatu-elefante de Recife e o contraste gritante entre a beleza das praias do Rio de Janeiro e a sua própria desventura na pobreza das favelas.

Como sociopsicomotricista não pude deixar de assistir ao espetáculo da manifestação do Socius com um olhar técnico e um coração que "explodia" no peito, porque sou Salgueirense, não só pela tradição de ser tijucana e muito mais porque foi trabalhando neste morro, no início de minha carreira, que despertei para as questões sociais e a necessidade de uma práxis renovadora para populações carentes.

Minhas divagações centralizam-se na questão da criatividade.

Que fenômeno é este que se faz pertinente a cientistas, artistas em geral, ao povo no carnaval? Representa a emergência de um povo que na atualidade vive um processo tão árduo de transição social. É a criatividade fruto da crise social. E pensando no processo defino criatividade: um processo de mudança, de desenvolvimento, de evolução na organização do mundo interno de cada pessoa, que se projeta no externo de forma produtiva.

Ainda pode-se dizer que a criatividade é um potencial inerente ao ser humano, é a sua possibilidade de lidar com o que é diferente de si. Isto só se torna possível porque no seu processo de crescimento descobriu em si o desejo e convive com a ferida narcísica, buscando sua completude na constante recriação.

A expressão criativa individual vai se construindo quando a pessoa consegue perceber o mundo que a rodeia, o que é diferente de si, interagindo com o que está fora de si, através dos conteúdos que tem dentro de si.

A criatividade é motivada pela desordem que se cria no homem. Quando ele se sente sem recursos evidenciais, quando há perda de referências e há a suspensão do racional, o homem permite deixar desabrochar o seu potencial intuitivo, referente ao hemisfério não-dominante de seu cérebro, aquele que não é responsável pelo raciocínio ou pelo pensamento lógico.

A criação é sempre algo novo que emerge aparentemente do nada. Lembro-me da situação crítica em que o especial Mozart compôs sua última sinfonia. A beleza que flui na melodia é o pálido reflexo da dor que o artista vivia...

Para criar é necessário que o indivíduo se despoje de toda uma pré-organização racional para deixar-se viver o que ocorre. Na vivência do momento onde tudo parece estranho, o indivíduo está revivendo suas questões de perdas elaboradas ou não, que são associadas pela ausência de referências.

Na verdade é favorecer que experiências de um passado se transformem em alicerces para uma nova descoberta, cujo fim beneficia não só a si, mas a um grupo, a uma comunidade.

Todo ser humano convive com perdas desde seu próprio nascimento: a primeira perda é a do útero materno.

Ao longo da vida infantil precoce a criança experiencia perdas e pode ou não restaurar objetos internos danificados. A intensidade da gratificação amorosa recebida facilita a integração dos sentimentos opostos e surge a condição de reparar, restaurar, criar.

E aqui, neste entrecruzamento de idéias, é que encontro a primeira explicação para compreender de que forma a sociopsicomotricidade Ramain-Thiers é capaz de transformar o indivíduo, torná-lo criativo, produtivo em sua sociedade.

Ramain-Thiers é um processo grupal que, dentro do *setting*, atualiza situações muito arcaicas da vida de cada um, onde diante das sucessivas propostas aparece o *medo de errar*. O medo de errar encerra em si a dinamização das ansiedades depressivas ou persecutórias que cada um traz como parte de sua vida. O medo de errar é basicamente a mobilização da perda e as perdas fazem emergir defesas como a negação e o controle onipotente. Muitas vezes surge a regressão a estados paranóides, onde a divisão interna

A compreensão da psicomotricidade

torna-se intensa e a idealização de si também. Surge o medo como manifestação do latente que precisa ser trabalhado.

A psicomotricidade diferenciada não permite fugas ao indivíduo. Chamo de psicomotricidade diferenciada o instrumental gráfico que permite a expressão projetiva de cada um frente a propostas de recortes, cópias, simetrias e modelagem e outras.

O mecanismo de negação surge muitas vezes para proteger o "não poder ver" tudo que é doloroso demais para ser exposto e com isto desidealizar-se. A desidealização, um dos pilares do processo criativo, é a quebra de mecanismos de defesa muito primitivos como a onipotência, o pensamento mágico, a idealização e a negação. Sob estes mecanismos e misturados com a agressividade são colocados no terapeuta seus conteúdos emocionais, estabelecendo a primeira transferência, que em Ramain-Thiers costuma ser negativa.

Reverter este processo de transferência negativa é tarefa do terapeuta que tem em si bem trabalhados seus sentimentos para não se misturar e poder trabalhar emocionalmente a resistência do indivíduo como uma forma de transferência negativa.

Usa-se os lápis preto, vermelho, azul e verde. Os lápis de cor começam a ser usados quando surge o "erro". O erro sentido como medo da perda encontra nos lápis a possibilidade da restauração, reparação de objetos internos danificados.

Isto só é possível porque no *setting* Ramain-Thiers trabalha-se na tranferência e devolve-se na relação com o indivíduo/grupo experiências que permitam a elaboração de relações com as figuras parentais e encontro consigo mesmo. O grupo funciona como continente materno, onde fluem também transferências laterais.

À medida que confia em si e no grupo desenvolve a capacidade de restaurar, reconstruir, ser produtivo, ser criativo.

Lendo Hanna Segal encontrei uma definição de Marcel Proust sobre o processo criador. Diz ele que a criação é fruto de muitos anos de auto-observação e uma "espantosa introvisão".

Ainda seguindo citações de Segal:

"de acordo com Proust, o artista se vê compelido a criar pela necessidade de recuperar seu passado perdido".

Concordo com Segal, a criação é sempre uma recriação que surge de um passado perdido.

Ramain-Thiers, metodologia aculturada à realidade brasileira, desenvolve a atenção interior através do trabalho corporal permitindo que o indivíduo desenvolva a autoconsciência. É uma criação que recria um passado perdido.

A autoconsciência é um estado elevado de conscientização de si que é descoberto pela sensação, pela observação, pela discriminação, pela propriocepção.

A autoconsciência permite ao indivíduo uma predisposição maior aos outros, o desenvolvimento do espírito gregário mais intenso e uma atitude de respeito a si e aos outros.

Esta é a segunda explicação que encontro para afirmar que Ramain-Thiers é um agente que favorece ao indivíduo a condição criativa através do trabalho corporal.

Na vivência com o próprio corpo e o corpo do outro a "atenção interior" desperta e busca a visão interior de si, de suas sensações e emoções.

A introvisão de Proust é para mim a atenção interior a que Simonne se referia. Ela dizia "é um estado de atenção difusa, orgânica, não intelectual". Esta atenção interior, já enunciei em 1986, no Congresso de Psicomotricidade, complementando Simonne.

É um estado que não depende nem do interesse, nem da vontade mas de uma disponibilidade energética interior, que mobiliza de forma emocional, porque abranda as censuras e oferece condições de ação.

Esta atenção interior é a condição de introvisão que associada à percepção favorece a criatividade. É na reconstrução, é no encontro de si que o indivíduo é capaz de transformar a realidade.

O sentido latente de Ramain-Thiers apóia-se na reconstrução da personabilidade a partir das possibilidades de reparação sadia, porque é na convivência dinâmica com o erro que se torna possível reparar e reconstruir. Hoje vejo esta reconstrução como possibilidade de criatividade.

Concluo questionando se na recriação de um passado perdido o carnavalesco estaria possibilitando a si e ao povo um espetáculo onde a projeção de seus próprios conteúdos facilitaria as identificações sucessivas.

Deixo aqui, como uma homenagem ao Grêmio Recreativo Escola de Samba Acadêmicos do Salgueiro, campeão de 1993, fonte inspiradora desta reflexão sobre criatividade, parte do seu samba vitorioso:

> *"Oi no balanço das ondas...*
> *eu vou.*
> *No mar eu jogo a saudade...*
> *amor.*
> *O tempo traz esperança e*
> *ansiedade.*
> *Vou navegando em busca da*
> *felicidade".*

5 - ORIENTAÇÃO QUANTO À ESCOLHA DE PROPOSTAS CORPORAIS

Solange Thiers

a) Diretivas:　As propostas devem ser diretivas:
- quando o grupo precisa de limite e controle,
- quando o grupo sente-se fragilizado e necessita de reconstrução egóica.

b) Semi-diretivas/Não-diretivas:
> É empregado quando o grupo usa muita racionalização como defesa, porque a pouca diretividade quebra automatismos e facilita a descoberta.

c) Mudança de proposta no momento da sessão:
> O terapeuta sente que precisa adequar a proposta ao que o grupo demanda como necessidade a ser trabalhada. O terapeuta é capaz de ser livre, respeitando o *feeling*.

d) A sessão propriamente dita:
> Conforme já foi explicado, acompanha sempre o momento emocional do grupo.

e) Mobilização:

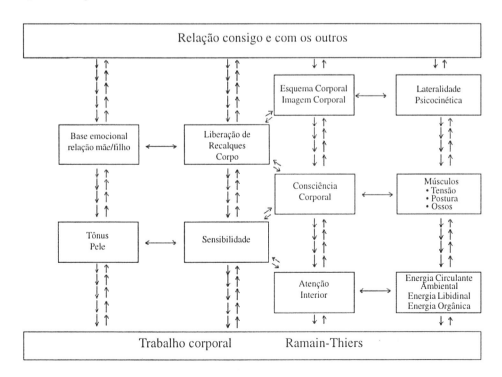

6 - A SESSÃO PROPRIAMENTE DITA: POSSIBILIDADES E LIMITES

Solange Thiers

A sessão para crianças deverá ser feita em período de 10 minutos, até duas vezes. Deverá ser criada uma sessão que depois poderá ser subdividida em duas partes, a fim de que os objetivos sejam atingidos. Deverá haver uma tônica, estar de acordo com a demanda emocional do grupo, ter um tempo de preparo do corpo e a tônica a ser mobilizada.

A sessão deve ser alternada entre os aspectos básicos da psicocinética, sensibilidade, relacionamento, propostas mais livres.

Nas propostas mais livres, o terapeuta deve aproveitar-se dos movimentos que o grupo assume, mesmo na desordem, para propor na desordem o entrar na relação. Com crianças, não é possível que se exija ordem para que a instrução seja ouvida. É uma situação diferente das situações escolares onde a liberação é maior e as crianças fazem mesmo "bagunça", rolam no chão, correm na sala, pulam, gritam, se agridem. Pretender enquadrar isto pela repressão não é Ramain-Thiers. Permitir que tudo aconteça sem nada fazer também não é Ramain-Thiers. O importante é descobrir o momento adequado para a sessão mais diretiva e o momento para permitir a não diretividade. O que o terapeuta deve lembrar-se sempre é que não é uma luta de poder, porque ele joga a sua autoridade e a perde, caso se torne um exemplo análogo de professor-repressor. As crianças não estão em Ramain-Thiers para aprender posturas corporais, elas estão para viver seu corpo, explorá-lo em possibilidades e limites e isto mobiliza a libido. Daí tornar-se difícil a manutenção do controle do grupo, nos modelos pressupostos.

A proposta terapêutica pode ser terapia psicomotora, socioterapia ou psicoterapia, dentro de uma abordagem global, onde é o corpo que mediatiza as relações que se emergem através dos momentos de psicomotricidade diferenciada (arame, desenhos, recortes...). O terapeuta Thiers precisa compreender que propor trabalho corporal a uma criança dentro do nosso *setting* é diferente do emprego da técnicas tradicionais de treinamento de posturas psicomotoras.

No *setting* Ramain-Thiers a libido é mobilizada e aspectos inconscientes entram em jogo. O emprego do material é um facilitador que o terapeuta deve aproveitar.

As sessões devem também incluir propostas com materiais como: tijolos para equilíbrio, instrumentos musicais para ritmo, canto, bambolês para vivências do interno, do externo, sacos de areia, bolas de pesos e texturas diferentes, bolas de encher. Podem ser usadas cantigas de roda, jogral, associados aos movimentos corporais. É muito importante que as propostas sejam breves e bastante variadas para que a criança realmente internalize a vivência. As propostas de imaginação podem ser livres ou dirigidas pelo terapeuta, tendo como suporte de fundo o tema musical. Os temas musicais podem ser usados também para serem acompanhados por palmas, cantigas, caminhadas, fundo musical, grafismo. O grafismo com temas musicais se dá através da expressão, no papel, com lápis de cera, do que a música desperta. Depois cada um, sem a música, exprime com o corpo o movimento que imprimir no papel, usando gestos breves para traços fortes e curtos e gestos ligados para traços fracos, longos ou sinuosos.

É importante referenciar novamente que a proposta é a inserção da Lei no *setting*, simbolizando a entrada do pai na relação. O trabalho livre é usado para oferecer ao terapeuta uma noção melhor do momento emocional do grupo.

Em propostas de trabalho corporal, aceita-se a expressão de cada um.

Bases

O ato automático tem seu espaço na vida do sujeito, ele é constituído e faz parte do nosso quotidiano. Entretanto, o processo Ramain-Thiers propõe quebra de automatismo para favorecer a concretização do sujeito, promovendo com isto a mudança de atitude de cada um frente à vida.

Em Ramain-Thiers, o ato motor do trabalho corporal é a possibilidade de desco-berta de um estado de vigília, um estado de atenção desperta que nós chamamos de "aten-ção interiorizada" e que mantém estreita correlação com mobilizações neurológicas que desenvolvem a percepção. Numa outra leitura, é a mobilização da energia a nível descen-dente e ascendente.

A base do processo de desenvolvimento em Ramain-Thiers é a busca desta atenção interiorizada. Simonne Ramain definia atenção interiorizada:

"É um estado de energia desconhecida, difusa no organismo, e que através da suas propostas o indivíduo descobre em si, descobre como usá-la, quando necessário se faz um estado de atenção".

Viver permanentemente em estado de atenção não é nossa proposta, porque isso tira a espontaneidade da ação, mas saber fazer uso da sua própria energia interior em situações diferentes é perceber-se na ação, é perceber o mundo, é buscar o equilíbrio, é também poder aprender.

O equilíbrio para nós não é um estado de acomodação, é muitas vezes um estado transitório de aceitação de si, naquele momento de vida. Isto não representa um limite permanente, porque a nível de desenvolvimento preocupa-se em mobilizar os aspectos energéticos do ser humano e, portanto, com a sua evolução como indivíduo no social.

O corpo é concebido como uma globalidade, com segmentos que agem de forma harmônica, experienciando níveis de tônus diferentes, sensações de peso de corpo, de apoio ao solo, de equilíbrio, ritmo interno, mobilização dissociada de segmentos que é um processo de alternância de atenção desta interioridade energética. A fluidez do gesto co-munica ao terapeuta o desejo não verbal. Deixar fluir a atenção é estar relaxado, é deixar acontecer o que acontecer, é apenas se deixar sentir, sem racionalizar.

A organização do esquema corporal se dá através da sensações e percepções oriun-das do próprio corpo e na troca de relação com o corpo do outro. São cinco as fontes de informações que o córtex-cerebral recebe:

1 - sensações que vêm da superfície corporal;

2 - sensações que vêm do interior do corpo;

3 - sensações que provêm da tensão muscular;

A compreensão da psicomotricidade

4 - sensações que informam a postura corporal;

5 - sensações que provêm da percepção visual.

Todo este arsenal de informações é permeado pelo emocional de cada sujeito, e Ramain-Thiers permite um trabalho corporal não só a nível da psicocinética como também a nível da mobilização da sensibilidade e propostas de relação.

O trabalho corporal, pela experiência vivida, leva à ação consciente, porque a experiência favorece a relação, e a relação consigo alarga a percepção de si e dos outros, alarga as possibilidades de *insights*. A atenção não se dedica exclusivamente a um único objetivo. Isto seria preservar a ação até dominá-la pela repetição, o que dificulta o raciocínio e impede a mente de elaborar de forma livre.

Em Ramain-Thiers, a repetição não deve existir. Devem existir, sim, situações de experiências onde a criança, adolescente ou adultos são capazer de buscar na vivência anterior recursos que, dinamizados, podem ajudá-los a ter *insights*.

A estruturação do indivíduo psíquico passa por um momento que é o de identificação primária e que precede ao narcisismo. É ela que determina um lugar de desejo do sujeito no desejo da mãe. Todas as catexias dos pais são dirigidas à criança, que conecta à identificação primária a essas catexias e forma o narcisismo. O narcisismo é de fundamental importância à compreensão da formação do esquema corporal.

O narcisismo caracteriza-se por dois momentos:

• desejo de ser único — reconhecimento do aspecto dual (narcisismo propriamente dito);

• castração simbólica — entrada do pai para separar a relação fusional mãe e filho.

No momento em que a criança vive o desejo de ser único na relação, o bebê descobre o objeto para suprir todas as suas necessidades. Esta necessidade de completude entre mãe x bebê forma a célula narcísica que gera a fantasia onipotente de perfeição. No início de vida ela sente seu corpo fragmentado, e é através de carícias e aconchego que a mãe libidiniza e possibilita a unidade corporal.

Nesta fase considerada especular, só existem dois personagens: a mãe e a criança, que passa ser o falo, desejando ser o objeto de desejo da mãe.

O rompimento do primeiro momento se dá pela entrada da função do pai na relação, desintegrando a célula narcísica e dando oportunidade à percepção do outro. O bebê passa agora a ser ele mesmo e a ter o desejo da mãe. É a chamada castração simbólica.

Na fase de espelho, que é a do narcisismo primário, há uma simbiose mãe x filho na qual a criança percebe a mãe como a si própria, através de partes fragmentadas.

Embora isto se dê na mais tenra idade, as crianças que necessitam de terapia psicomotora ficam com acentuados pontos de fixação nesta fase porque não conseguem discriminar entre o eu e o outro; portanto, o esquema corporal e a lateralidade estão sempre comprometidos.

O esquema corporal é um processo longo de construção, reconstrução e ruptura, porque só se forma a imagem do próprio corpo na relação com os corpos dos demais, respeitando-se a individualidade, a identidade. Só acontece depois que a criança descobre os dois lados do corpo. Existem dois tipos de noções vinculadas a espaço e imagem corporal que convêm serem citadas: a que é o espaço do eu, vinculado ao princípio de realidade, e a que é o espaço do id, vinculado ao processo primário, inconsciente, com fantasias. O princípio de realidade é que estaria mais ligado à relação e ao vínculo com os outros.

O vivenciar propostas corporais de noções de frente-fundo, alto-baixo ou oportunidades contrastantes vai facilitar a que as fantasias se confrontem com a realidade e o vínculo com o outro vá se formando à medida que se percebe diferente do outro, separado do outro, mas vivendo com o outro na relação do grupo.

O corpo é o grupo, e o processo terapêutico, o próprio tratamento de um corpo enfermo, corpo que é psiquismo e também sociedade.

A imagem que se tem do corpo é ligada à percepção de si e na imaginação de si. A imaginação de si vincula-se ao mundo inconsciente com a fixação das relações inconscientes depositadas no corpo, ao longo do tempo de vida de cada um.

7 - PSICOMOTRICIDADE — UMA ABORDAGEM DINÂMICA

(Palestra ministrada em novembro de 1990)

Angela Maria de Albuquerque Duarte

Nesse momento conceitual geral sobre o indivíduo, não cabe mais uma Psicomotricidade como simples "mecânica corporal" ou mera coordenação lógica de movimentos.

Na perspectiva atual temos que levar em consideração as contribuições da Psicanálise, a compreensão socioanalítica do sujeito e seu grupo social, a evolução da Neurologia e outras contribuições afins, para tentarmos uma convergência para uma atuação e aprofundamento mais seguros que vejam o sujeito não só como um corpo que é mediador da relação. Pelas representações gráficas anexas, fica a proposta de uma tentativa de organizar reflexões e questionamentos sobre a dinâmica da abrangência da Psicomotricidade, quando abordada segundo diferentes referenciais teórico-práticos, para conhecimento de si e da relação com o mundo ao longo do desenvolvimento humano.

A fundamentação teórica desta proposição baseia-se em Freud, Piaget, Wallon, Ajuriaguerra, considerando questões filosóficas da fenomenologia de Merleau Ponty e muitas das colocações do professor Vitor da Fonseca quanto à Psicomotricidade.

Citarei a seguir pequenos pressupostos sobre a concepção da Imagem do Corpo, de cada um destes autores, a título de roteiro.

Segundo o pensamento de Merleau Ponty:

"O nosso corpo é nossa total originalidade (até com impressão digital própria), que se encontra inserida e situada no universo do nosso mundo".

"O corpo não está dentro do corpo (o corpo habita o espaço), da mesma forma que não está no tempo (o corpo é uma história dentro de outra história)". O nosso corpo é a percepção do aqui-e-agora de todo horizonte espaço-temporal.

Freud afirma:

"*O Ego é antes de tudo um Ego corporal*".

O corpo não é apenas um envelope substancial do EU, mas "uma projeção do indivíduo no mundo".

O desenvolvimento psicossexual é o verdadeiro testemunho da evolução libidinal da imagem do corpo.

Ajuriaguerra refere-se desta forma:

"A evolução da criança é o sinônimo da consciência e conhecimento cada vez mais profundo do seu corpo (somatognosia) como realidade vivida e convivida".

"A evolução da imagem do corpo depende de um equilíbrio em espiral que abre para as relações e correlações corpo/objeto integrados, onde entram aspectos sensório-motores (viso-cinestésicos), imagem do outro e via instinto-afetiva."

Enquanto que Piaget e Wallon posicionam-se desta forma:

"A inteligência verbal ou reflexiva repousa numa inteligência sensório-motora que, por sua vez, se apóia em ações e associações de ações adquiridas (e integradas). Organizando e (re)combinando movimentos, integrado pelo movimento (experiência), é o reflexo da introjeção do mundo (assimilação) ao mesmo tempo que é também a concretização por projeção no mundo (acomodação)."

A proposta de Wallon é o estudo genético da emoção procurando revelar o nexo e a integração do biológico e do social.

As emoções desorganizam o movimento na medida em que este tem necessidade de precisão para efetuar as suas tarefas.

"Essencialmente função de expressão, função plástica, as emoções são uma formação de origem postural e tem por estofo o tônus muscular", isto é, *as disponibilidades emocionais estão a todo instante em relação, por intermédio do tônus, com as diferentes sensibilidades das reações do organismo"*

E, em síntese, Vitor da Fonseca apresenta esta abordagem:

O CORPO	DADOS INTEROCEPTIVOS DADOS PROPRICEPTIVOS DADOS EXTEROCEPTIVOS PULSÃO		
VIVÊNCIAS E EXPERIÊNCIAS ÚNICAS PSICOMOTORAS	CORPO AGIDO	RECEPTOR	DIÁLOGO CORPORAL COM A MÃE
	CORPO ATUANTE	ESPECTADOR	DIÁLOGO CORPORAL COM OS OBJETOS
	CORPO (TRANS) FORMADOR	ATOR	DIÁLOGO CORPORAL CONSIGO
CORPO EXPRESSIVO	CORPO VIVIDO _____ CORPO PERCEBIDO _____ CORPO CONHECIDO ____ CORPO REPRESENTADO __	NARCISISMO _____ AUTO-EROTISMO _____ ÉDIPO _____ IDENTIFICAÇÃO _____	CORPO RECEPTÁCULO CORPO HABITÁCULO CORPO LOCALIZADO CORPO SIMBÓLICO

A compreensão da psicomotricidade

Representações gráficas

Adaptadas por Angela Maria de Albuquerque Duarte, com a colaboração de Laís de Freitas Novaes Abreu, em setembro de 1990, baseadas no Pôster de autoria de Márcia Soto Maior, apresentado no IV Encontro de Psicopedagogos, São Paulo, 1990.

RELAÇÕES DO CORPO
Formação da Personalidade

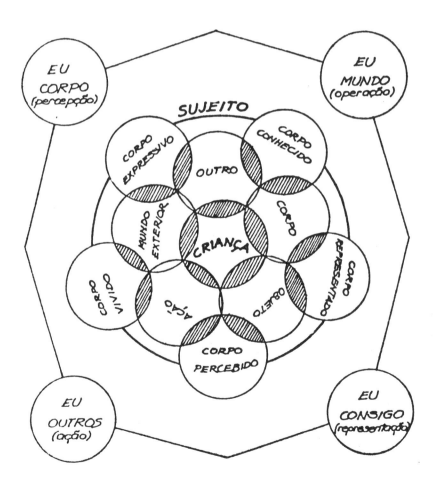

ESPIRAL DIALÉTICA DA PSICOMOTRICIDADE

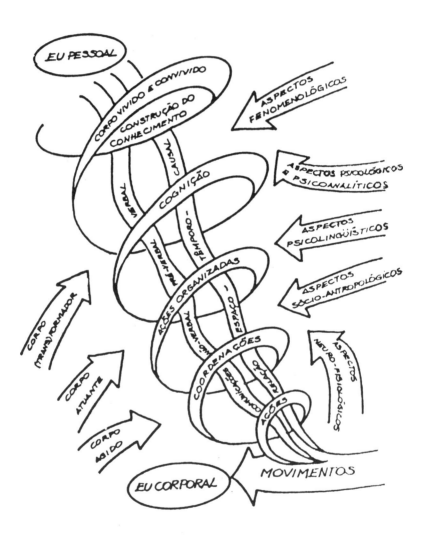

PENSAMENTO

O Sujeito Psicomotor

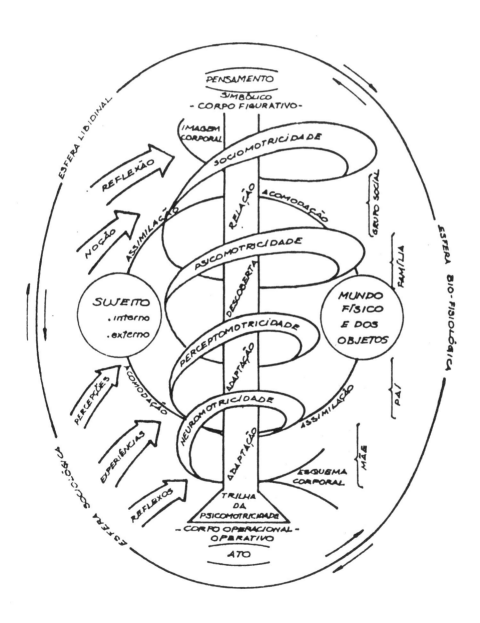

8 - CORPO x MOVIMENTO

Jussara Orlando

O corpo é considerado o pivô do mundo, e a consciência que se tem do mundo é por meio do próprio corpo, assim refere-se Merleau Ponty, ainda dizendo que a história de cada um insere-se em seu próprio corpo e que é necessária a decodificação simbólica desta própria história.

Wallon diz que um gesto, ao mesmo tempo que é capaz de modificar o meio, também modifica aquele que o faz, isto porque ação tem sempre um significado de relação afetiva com o mundo.

Ao nascer, o indivíduo se expressa com o meio através de gestos, movimentos que são respostas aos seus estados emocionais. O movimento, assim, é a característica existencial do indivíduo e torna-se a primeira referência de relação com o meio, os objetos e os outros, a primeira forma de expressão emocional e de comportamento, base do desenvolvimento da inteligência.

Fica em evidência que o homem se movimenta a fim de satisfazer uma necessidade e demonstra por intermédio de seus movimentos e ações o desejo de atingir certos fins e objetivos. É fácil perceber o objetivo do movimento de uma pessoa, se é dirigido para algum objeto tangível; entretanto, há também valores intangíveis que inspiram movimentos, assim, o movimento revela evidentemente muitas coisas diferentes.

O corpo é o instrumento através do qual o homem se comunica e se expressa, nele encontra-se pontuada, inscrita toda a história não consciente. O corpo é o sistema percepto, e em cada poro está inscrito uma história, um estímulo. O corpo fala a cada instante, comunica, expressa.

O estudo da história do comportamento humano sugere um certo paralelo entre o desenvolvimento do sentido do movimento, no transcurso da história de vida do indivíduo e o progressivo aprimoramento do conhecimento do movimento no decurso da história da humanidade. O desenvolvimento das primeiras sacudidas do corpo, características da primeira infância, até o domínio estilizado de movimento, usado pelo adolescente, pode ser comparado ao desenvolvimento das danças primitivas até os tempos modernos.

O movimento é sempre decorrência da história individual. E é, desde que encerra uma linguagem do sujeito consigo mesmo e com o meio, um instrumento de percepção de si.

Sabemos que o nosso repertório de posturas e movimentos provém de um desenvolvimento genético sobre o qual agiu um processo socializante, na maioria das vezes repressor, acrescida de nossa reação individual a este processo, nossa interpretação. Tudo isto é moldado em músculos, vísceras, ossos e emoções. É a história em nosso corpo. É necessário crer que o estilo de cada pessoa, de cada grupo, de cada época, está numa estreita relação com as suas formas de pensamento e sentimentos.

É este o interesse exclusivo da relação do corpo com sua possibilidade de movimentar-se. O corpo é a realidade, o corpo é a gravação da história de cada um, é o testemunho participante de todos a cada momento. Em si, o corpo traz o estigma dos marcos importantes dos momentos que se foram. O movimento não deve ser apenas compreendido do externo. Não é somente a visualização do gesto, em movimento, ou das conseqüentes alterações de eixo, postura, que nos interessam. É a possibilidade de acompanhar o movimento desde seu interior. É a busca da atenção interiorizada, dizia Simonne Ramain. Cada expressão traz em si a possibilidade de transformação, de mudança ou movimento. A forma que origina todo este processo é resultante de um vasto complexo, para onde conflui o corpo, a armadura, a imagem corporal, as inscrições em cada espaço e a possibilidade transformativa intrínseca à potencialidade do próprio corpo como um todo.

A liberdade do movimento é o encontro maior de todos os desejos, o não tê-los é a ausência de vida, naquele instante. É o desfrute do gozo permitido que somente a liberdade possibilita. O encouraçamento nunca está no externo, a liberdade é considerada desde o interior, é daí que o movimento nasce livre para expressar-se no externo.

O movimento resulta da expressão interna de um organismo que, vivo, se expressa.

Vivemos expressando. Podemos concluir que cada movimento carrega em si, além do gesto, a história projetada de cada um. Cada qual carrega em si os antepassados e suas heranças respaldadas nas fantasias de uma cultura, família, religião, sociedade. O gesto e seu movimento transmitem a história — a dança escrava nos pés dos sambistas do morro ou o gesticular das mãos no italiano secular, ou ... ou ... Antes de sermos vítimas de uma projeção, somos a incorporação viva da história cinética, hereditária, dinâmica, econômica, que são fundidas sob o mesmo vértice — vida que a todo instante expressa movimento da imagem corporal.

9 — O CORPO MNÊMICO

Jussara Orlando

O corpo para se reconquistar precisa recordar-se e esta recordação é o despertar de uma memória erógena, individual. Somente através de muito trabalho corporal cada um é capaz de reconhecer que conflitos foram depositados naquela área corporal. Despertar é uma verdadeira viagem interna em direção à memória do corpo.

Ramain-Thiers é uma técnica que, como outras correntes de Psicoterapia, dá um enfoque no trabalho corporal, embasado na teoria psicanalítica.

Quando Freud apresentou a evolução psicossexual do homem em etapas — oral, anal, fálica, genital —, estava demarcando o caminho evolutivo a cada etapa correspondente. Temos de compreendê-lo mais amplamente: quando se reporta à etapa oral não está circunscrito à cavidade bucal propriamente dita. Temos de abstrair para compreender. É a esta leitura psicoevolutiva que estamos nos reportando em relação à visceralidade.

Ela guarda em sua posição virtual as emoções vividas desde o nascimento. Ao querer compreender a fome do bebê, por exemplo, não podemos confundi-la com as nossas sensações de apetite. Quando chora de fome, o bebê o faz regido pelo pânico. É a dor do alimento que não está, é a energia que se está esvaindo quando do alimento ausente.

Toda esta gama de sensações e emoções vai estratificando fantasmas, desde este entendimento de visceralidade. Cada fantasma originário de cada sensação vai se sobrepondo ao outro, numa montagem infinita. O corpo reflete esta complexidade, ele denuncia estas diferentes fixações através do como se expressa. Por exemplo, o plexo solar travado sem movimento, sem vida, sem calor, reflete o medo de contatar as fantasias infantis inscritas sob a visceralidade. É um esforço de obstruir a energia numa tentativa de colocar distantes as imagens fantasmáticas que ali são representadas. Bloqueia-se para reprimir. A armadura enrijece frente ao desconhecido. Concilia-se esforço e condensação energética. Esta irradiação atinge a respiração, que se torna superficial; o diafragma se paralisa, cortando e dividindo a integração das cavidades abdominal e toráxica.

Toda armadura, de um lado represa o desconhecido e, como ganho secundário, divide, impossibilitando a integração. Para que a integração ocorra, é necessário que ela acompanhe o movimento de homeostase, ou seja, de equilíbrio energético das diferentes áreas corporais. Neste exemplo que estamos utilizando, plexo solar congestionado, é necessário que se inicie o trabalho terapêutico desconcentrando esta energia. A descentralização energética fará com que a energia primeiramente reconheça o caminho antigo. O caminho que já preexistia. Através da recordação do caminho preexistente é que dará a possibilidade de se reconhecer a opção individual do novo caminho que se deseja trilhar.

No trabalho terapêutico Ramain-Thiers, através de exercícios de sensibilização, massagens, respiração e outros, é de máxima importância avaliarmos junto com o paciente como se encontra naquele instante o grau energético (busca da atenção interiorizada). Cada indivíduo sente e transmite de formas diferentes o contato da própria energia. Ela pode ser descrita como assemelhando-se a ondas, golpes, choques.

O segundo passo é determinar o caminho que percorre. Não há caminho pré-estabelecido. Cada indivíduo apresenta seu próprio fluxo libidinal (energético) em decorrência e concomitantemente com sua história psicossexual.

Para fins de exemplificar, vamos descrever, em parte, um caso clínico de um paciente com queixas de fobias e sensaçõesde vertigens:

"Sinto como se fosse uma corrente elétrica que sai aqui da barriga e se dirige para trás, na coluna. Sobe a coluna interna indo até a altura do pescoço, aqui na nuca, onde pára e fica formigando".

Esta é a descrição manifesta do paciente, mostrando, através da denúncia, como se existisse uma ponte de comunicação energética entre plexo e cerebelo. Comunicava assim os dois pólos eqüidistantes do homem: plexo e cerebelo (centro primário do equilíbrio).

O paciente denunciava a reminiscência de dois eventos que se confundiam como sintomas. A queixa somática: as fobias, sintoma este que encobertava as "pulsões" de agressividade originárias das diferentes relações e memorização de impressões em sua visceralidade. A outra queixa, o desequilíbrio, que, no caso, relaciona-se com o reviver as mesmas sensações de medo de andar sozinho e as quedas naturais decorrentes do aprendizado. O paciente vivia uma época de profundas transformações em sua vida: aos 38 anos, saía de um emprego de executivo, onde era reconhecido como bom profissional de uma firma bem conceituada. Estava cansado da monotonia de sua vida. O desejo de crescer trouxe à tona as revivências das fobias infantis. Sua vida sempre cerceada, defendida, era como se tivesse toda a existência amparada sobre muletas. Ao sair da estrutura "de renome", abdicava pela primeira vez das muletas ou das mãos dos pais, traduzindo o desejo de caminhar sobre as próprias pernas.

Tal paciente iniciou a viagem do caminho de volta. Apresentou-se à própria agressividade armazenada no plexo solar. Pôde compreender que o medo também era o do animal enjaulado que carregava dentro de si, sem sabê-lo. A energia começava fluir. O fluxo energético que se deslocava em direção à pélvis dava vida, portanto movimento. O sexo corria mais livre. As pernas estavam cada vez mais carregadas de energia. No tórax, a energia não mais corria somente pela coluna, espalhava-se na lateralidade e frente, mobilizava-se, o coração abria-se e perdia-se o medo de amar. O caminho de volta sendo reconhecido propiciava a abertura para novos caminhos próprios.

À medida que a memória da própria pré-história vai sendo adquirida, o fluxo libidinal de afeto vai se restabelecendo. Temos de ter sempre em conta, na relação com o saber, que em cada área manipulada carrega-se sua própria história, ou seja, evoca-se a leitura da pré-história dentro do próprio e arcaico caminho. O movimento de desbloquear, romper as amarras, mobiliza o inconsciente.

Cada caminho contém em sua trajetória conteúdos reprimidos, cuja manifestação apresenta-se através da evocação da emoção infantil.

10 — ESTAR EM CONTATO

Jussara Orlando

Estar em contato é estar atento ao que está acontecendo dentro de si e ao seu redor. É bem diferente de ter conhecimento; o conhecer é uma atividade mais intelectual do que perceptiva.

Todo sentir começa com o sentido de si próprio, isto é, do próprio corpo. Assim a pessoa percebe o que está acontecendo no ambiente, à medida que o ambiente exerce influência sobre os sentidos. Quanto mais cheia de vitalidade a pessoa, mais afiados são os seus sentidos e mais aguçadas são as suas percepções.

O Trabalho Corporal nas Técnicas Ramain-Thiers levará o indivíduo inevitavelmente a "sentir" e entrar em contato com os próprios sentimentos, na busca de uma atenção voltada para si mesmo, seu corpo, que requer um longo caminho de trabalho pessoal, de jornada interior e consciência corporal.

Sentir é o alvorecer da percepção do movimento interno, e a meta desse trabalho é aumentar a capacidade da pessoa para o movimento e para o sentir. O sentir é a vida do corpo. Assim, a Sociopsicomotricidade Ramain-Thiers é uma forma de terapia e psicoterapia que combina o trabalho corporal com a psicomotricidade diferenciada, para ajudar as pessoas a compreenderem seus problemas emocionais e concretizarem, o mais que puderem, seu potencial: isso requer mudar sua atitude frente ao mundo.

O poder estar em contato consigo implica na consciência da própria tonicidade corpórea. Cada músculo em sua expressão tônica ou clônica exprime através desta energização a predominância dos diferentes sistemas: simpático ou parassimpático. Cada manifestação contrátil ou não tem em si mesma a representação imaginária desta sua história, conjunto próprio, ou seja, eutônico, que reproduz em forma o espaço que contém.

Todo o espaço congrega em si a história que determinou esta tonicidade e suas diferentes trocas energéticas com tudo aquilo que dimensionará esta representação espacial: o outro, o grupo, o meio econômico, o mítico e o social. A expressão mais primária que revela a troca é através do contato, por exemplo: o contato do corpo com o solo cria uma representação psíquica e inconsciente da maior importância, vinculada ao apoio, segurança e estabilidade do solo como MÃE TERRA que faz emergir de forma análoga a relação díade entre mãe e filho, representação psíquica e inconsciente que revela a dinâmica das relações do homem com o mundo.

O estar no mundo em suas diferentes propostas de vida é expresso na sua relação de movimento com o solo. Toda a distribuição de força na relação corpo-solo implica o entendimento da historização com o seu próprio espaço. A consciência da massa corporal é estar intimizada com conceito de ser. O estudo da distribuição do peso e suas diferentes implicações vetoriais de força revela o movimento, direção, sentido e angulação das diferentes distribuições e composições de esforço que expressam o movimento e traduz a história em que se encontra encarcerado naquele instante. Expressão é a tradução do movimento, e cada movimento é emergência direta da disponibilidade tônica daquele momento de vida.

O movimento é a expressão dinâmica de uma estrutura anterior — a relação tônica-clônica que o indivíduo traz consigo — e a capacidade de expressão é a conscientização da saída de uma pressão inconscientemente adquirida.

O movimento afetivo emocional expressa aquilo que no corpo são as características básicas da construção da imagem corporal. Toda a montagem da imagem corporal se estabelece através das trocas com o outro.

Estar em contato com o outro somente é possível quando se está em contato consigo mesmo.

A falta de contato é o espaço não simbolizado, é o lugar econômico do não fluxo vegetativo. A falta de contato deixa de existir a partir do instante em que o fluxo vegetativo se instaura, torna-se insuportável viver em falta. O retorno do contato estabelece o fim dos medos edípicos, o início do renascer em contato com o outro.

11 — REFLEXÃO

DESCOBRIR A SI, OS OUTROS

E AS COISAS DO MUNDO...

Jussara Orlando

Descobrir
É aceitar ir buscar o desconhecido,
É se enriquecer com novos conhecimentos,
É se tornar consciente do mundo em que vivemos.

Descobrir
É ultrapassar as próprias resistências,
É aceitar deixar-se penetrar pelo novo.
É romper com os hábitos,
É reencontrar.

Descobrir
É questionar a verdade.

Descobrir junto
É abrir a porta do seu grupo,
É deixar entrar outras maneiras de ver,
de fazer e de agir.

Nós descobrimos as mais diferentes e variadas coisas:
podemos descobrir a natureza, assim como podemos descobrir
o nosso vizinho!

Nesta ou naquela situação,
Toda descoberta é um enriquecimento!

BIBLIOGRAFIA

ABERASTURY, A. *A criança e seus jogos*, Porto Alegre, Artes Médicas, 1992

_____ *Psicanálise da criança*, Porto Alegre, Artes Médicas, 1992.

_____ *Adolescência*, Porto Alegre, Artes Médicas, 1990.

ABRAHAN, K. *Teoria psicanalítica da libido*, Rio de Janeiro, Imago, 1970.

ABREU, L; F.N. e DUARTE, A. *Representações gráficas - Adaptações*, Rio de Janeiro, Imago, 1990.

AJURIAGUERRA, J. de E. *Manual de psiquiatria infantil*, São Paulo, Masson, 1983.

BETTELHEIM, Bruno. *A fortaleza vazia*, São Paulo, Martins Fontes, 1987.

BRIGANTI, C. *O corpo virtual - Reflexões sobre a clínica psicoterápica*, São Paulo, Summus, 1987.

CHAGAS, D. e outros. *Peguei um Ita no Norte*, Rio de Janeiro, Samba enredo do G.R.E.S. Acadêmicos do Salgueiro, 1993.

DOLLE, Jean Marie. *Para compreender Jean Piaget*, Rio de Janeiro, Zahar, 1983.

DUARTE, A. *Anotações de aulas de História da Psicologia*, Rio de Janeiro, Universidade Santa Úrsula, 1968.

DYCHTWALD, Ken. *Corpomente*, São Paulo, Summus, 1990.

FONSECA, V. e MENDES, N. *Escola, escola, quem és tu?*, Porto Alegre, Artes Médicas, 1987.

_____ *Psicomotricidade*, São Paulo, Martins Fontes, 1983.

FREUD, S. "Três ensaios sobre a teoria da sexualidade infantil" (1905), vol. VII, *Ed. Standard Brasileira,* Rio de Janeiro, Imago, 1980.

_____ "O esclarecimento sexual das crianças" (1907), vol. XII, *Ed. Standard Brasileira,* Rio de Janeiro, Imago, 1980.

_____ "A dinâmica da transferência" (1912), vol. XI, *Ed. Standard Brasileira,* Rio de Janeiro, Imago, 1980.

_____ "O ego e o id" (1923), vol. XIV, *Ed. Standard Brasileira,* Rio de Janeiro, Imago, 1980.

90 Sociopsicomotricidade Ramain-Thiers

—— "A dissolução do complexo de Édipo" (1924), vol. XIX, *Ed. Standard Brasileira*, Rio de Janeiro, Imago, 1980.

GUILLARME, J. J. *Educação e reeducação psicomotoras*, Porto Alegre, Artes Médicas, 1983.

HINSHELWOOD, R. D. *Dicionário do pensamento kleiniano*, Porto Alegre, Artes Médicas, 1982.

JERUSALINSKY, A. e colaboradores. *Psicanálise e desenvolvimento infantil - um enfoque transdisciplinar*, Porto Alegre, Artes Médicas, 1989.

KLEIN, M. *Psicanálise da criança*, São Paulo, Mestre Jou, 1975.
Narrativa da análise de uma criança, Rio de Janeiro, Imago, 1976.

KLEIN, M. e outros *Os progressos da Psicanálise*, Rio de Janeiro, Zahar, 1978.

LABAN, R. *Domínio do movimento*, São Paulo, Summus, 1978.

LAPLANCHE e PONTALIS. *Vocabulário da Psicanálise*, São Paulo, Martins Fontes, 1979.

LE BOULCH. *A educação pelo movimento*, Porto Alegre, Artes Médicas, 1983.

—— *O desenvolvimento psicomotor*, Porto Alegre, Artes Médicas, 1964.

—— *Educação psicomotora*, Porto Alegre, Artes Médicas, 1987.

LOWEN, A. *O corpo traído*, São Paulo, Summus, 1978.

MAIOR, M. S. *Pôster apresentado no IV encontro de psicopedagogos*, São Paulo, 1990

MARCELLI e BRACONIER *Manual de psicopatologia do adolescente,* Porto Alegre, Artes Médicas, 1989.

PIAGET, Jean. *Psicologia da inteligência*, Rio de Janeiro, Fundo de Cultura, 1972.

—— *Seis estudos de Psicologia*, Rio de Janeiro, Forense, 1969.

—— A *representação do mundo da criança*, Paris, Ed. Gallimard, 1945.

PONTY, M. *Phénomenologie de la percepcion*, Rio de Janeiro, Reasd.

RAMAIN, S. *Princípios pedagógicos*, Montevidéu, Boletim Cinterfor, abr/mar/1972 (20):15-25.

A compreensão da psicomotricidade

_____ *La educacion de la atencion*, Montevidéu, Boletin Cinterfor, abr/mar/1972 (20):7-14

SEGAL, H. *A obra de Hanna Segal*, Rio de Janeiro, Imago, 1982.

SPITZ, René A. *O primeiro ano de vida*, São Paulo, Martins Fontes, 1983.

THIERS,S. *Terapia psicomotora Ramain — relação teórico-prática no estudo clínico de um caso*, Rio de Janeiro, Sociedade Brasileira de Psicomotricidade, 1983.

_____ *Orientador terapêutico Thiers para crianças "CR" — Embasamento Teórico* Rio de Janeiro, Biblioteca Nacional , reg. nº 75307, 1992.

_____ *Curso sobre o Método Ramain - 3ª aula: Ramain Terapia* - III Congresso Brasileiro de Psicomotricidade, Porto Alegre, 1986 - Apostila 50, Rio de Janeiro, Cesir, 1986.

_____ *Caderno I de Teoria e técnica Ramain-Thiers*, Rio de Janeiro, Cesir, 1992.

_____ *Caderno II de Teoria e técnica Ramain-Thiers*, Rio de Janeiro, Cesir, 1992.

_____ *Caderno III de Teoria e técnica Ramain-Thiers*, Rio de Janeiro, Cesir, 1993.

_____ *Caderno IV de Teoria e técnica Ramain-Thiers*, Rio de Janeiro, Cesir, 1993.

WALLON, H. *Do ato ao pensamento*, Lisboa, Portugália, 1966.

_____ *El dibujo del personaje por el nino: sus etapas y cambios*, Buenos Aires, Editorial Proteo S.C.A, 1968.

_____ *A evolução psicológica da criança*, São Paulo, Martins Fontes, 1968.

WINNICOTT, D. *Textos selecionados: da Pediatria à Psicanálise, Rio de Janeiro, Francisco Alves, 1978.*

CAPÍTULO III

PROPOSTAS DE TRABALHO CORPORAL EM RAMAIN-THIERS

1. Propostas Corporais de Base
2. Trabalho Corporal para Crianças e Pré-Adolescentes
3. Propostas para Conscientização e Limite Corporal
4. Propostas de Trabalho Corporal para Adolescentes e Adultos

1 - PROPOSTAS CORPORAIS DE BASE

Solange Thiers

As propostas corporais de base servem para preparo do corpo, antes da tônica da sessão.

CONSCIÊNCIA DA POSIÇÃO DEITADA

1 - Rolar;
2 - Passar da posição de decúbito ventral à posição de decúbito dorsal (lento - rápido - bem lento);
3 - Apoiar-se sobre a parte lateral do corpo, cabeça apoiada sobre um braço esticado. Voltar à posição de decúbito.
4 - Rolar tão lentamente que permita sentir os 3 estágios anteriores;
5 - Encostar bem as costas no chão, elevando levemente o joelho;
6 - Tocar levemente um pé no outro. Bater um pé no outro; calcanhares afastados - aproximar os dedos grandes dos pés - afastá-los pesadamente.
7 - Tocar levemente uma perna na outra. Bater uma perna na outra;
8 - Mover os pés em rotação, mesmo sentido, sentidos opostos lentamente;
9 - Com os pés paralelos, afastados, mover os dedos dos pés lentamente;
10- Afastar as duas pernas lentamente - voltar rápido;
11- Afastar as duas pernas rapidamente - voltar uma de cada vez bem lentamente;
12- Flexionar uma perna após outra, bem lentamente sem retrirar o pé do chão. Esfregar um pé e outro no chão. Soltar as duas pernas bruscamente;
13- Afastando uma perna, procurar colocar a outra em simetria à primeira;
14- Passar da posição deitada à posição sentada sem auxílio das mãos;
15- Rolar tão lentamente que permita sentir os 3 estágios anteriores;
16- Encostar bem as costas no chão, elevando levemente o joelho;
17- Tocar levemente um pé no outro. Bater um pé no outro; calcanhar afastados - aproximar os dedos grandes dos pés - afastá-los pesadamente.
18- Tocar levemente uma perna na outra. Bater uma perna na outra;
19- Mover os pés em rotação, mesmo sentido, sentidos opostos, lentamente;
20- Com os pés paralelos, afastados, mover os dedos dos pés lentamente;
21- Afastar as duas pernas lentamente - voltar rápido;
22- Afastar as duas pernas rapidamente - voltar uma da cada vez bem lentamente;
23- Flexionar uma perna após outra, bem lentamente sem retirar o pé do chão. Esfregar um pé e outro no chão. Soltar as duas pernas bruscamente;
24- Afastando uma perna, procurar colocar a outra em simetria à primeira;
25- Passar da posição deitada à posição sentada sem auxílio das mãos;
26- Afastar um braço até a altura do ombro (olhar) - tentar colocar o outro braço em simetria *sem* olhar. Usar os olhos só para controle, não para correção;

27- Procurar diferentes posições de um braço e buscar simetria com outro (só olhando para controlar, não para corrigir);

28- Elevar os dois braços lentamente, deitado ou a partir da posição de joelhos flexionados e pés no chão. Soltar (deixar cair), baixar lentamente;

29- Elevar os antebraços - braço apoiado no chão. Mover pulsos, mover dedo por dedo lentamente. Deixe cair os antebraços pesadamente;

30- Mover a cabeça para um lado e para o outro;

31- Levantar-se e deitar-se sem ruído.

CONSCIÊNCIA DA POSTURA SENTADO

SENTADOS NO CHÃO:

1 - Cruzar e descruzar lentamente as pernas;

2 - Com boa posição sentada, procurar toda movimentação possível de pernas. Deixá-los fazer livremente. Solicitar que cada movimento seja feito duas vezes bem lentamente;

3 - Sentados - pernas cruzadas - mãos sobre as coxas, esticar o tronco ao máximo. Voltar lentamente, encolhendo ao máximo os ombros. Buscar o melhor apoio sentado, mantendo as costas em boa posição;

4 - Movimento de ombros. Elevar lentamente um ombro - abaixar lentamente. O mesmo com o outro ombro. Os dois juntos. Mover para frente, para trás;

5 - Movimento de cabeça (devagar e só quando for possível, em face da problemática das crianças). Abaixar lentamente, voltar lentamente. Virar para um lado, virar para outro lado;

6 - Movimentos de pernas feitos em posição sentada;

7 - Passar da posição sentada no chão à posição de pé sem auxílio das mãos;

8 - Dobrar os joelhos, apoiar o pé no chão, encostar-se na parede. Acariciar um pé de cada vez, com as mãos, com movimentos bem leves dos dedos aos tornozelos;

9 - Na mesma posição: empurrar com os dedos do pé uma bolinha de squash;

10- Juntar os pés pela sola, afastando bem os joelhos. Segurar os pés com as mãos: levantar e abaixar as pernas, a partir do joelho, bem rápido, bem devagar;

11- Deslocar-se pelo espaço, arrastando-se sentado no chão;

12- *Dupla*: sentados frente a frente, explorar movimentos de espelho:
- explorar movimentos de bola jogada,
- explorar propostas de dar ereceber,
- explorar a mão do outro: temperatura, densidade, forma etc...

13- *Dupla:* costas x costas:
- explorar a sensação de apoio no outro,
- explorar, sair do chão, de mãos dadas e costas unidas,
- explorar, sair do chão, de mãos dadas e voltar à posição sentada.

Proposta de trabalho corporal em Ramain-Thiers

PROPOSTAS A PARTIR DA POSIÇÃO SENTADO:

1 - Dois pés apoiados no solo - corpo reto. Em caso de necessitar de apoio, colocar um banquinho. Explorar sem apoio, balançar as pernas. Com apoio - pés apoiados;
2 - Explorar as diferentes posições do corpo, mantendo os pés apoiados;
3 - Encolher a barriga e soltar - corpo reto;
4 - Estirar uma perna após outra - voltar;
5 - Fazer movimentos de pés em rotação;
6 - Trazer os dois pés para sobre a cadeira. Sentir o apoio na cadeira, neste momento;
7 - Com apoio - afastar e aproximar os pés sem tirar o calcanhar do apoio;
8 - Com apoio - afastar e aproximar os pés arrastando sobre o apoio;
9 - Com apoio - arrastar os pés para frente, para trás (juntos ou alternando);
10- Combinar um destes movimentos com um movimento livre de mãos ou dedos;
11- *Em trio*: acompanhar cadências com palmas, com batidas de pé no chão.
12- Amassar pedaços de papel ou jornal com os dedos dos pés;
13- Deslizar uma bola de squash sob cada um dos pés;
14- Experimentar movimentos de perna-pé;
15- Criar experiências grupais.

OLHOS - OLHAR
1 - Abrir e fechar os olhos;
2 - Olhar o ambiente e seus limites;
3 - Olhar os companheiros;
4 - Movimento conduzido de olhos. Seguir com os olhos o movimento feito por uma lanterna. Seguir com os olhos o movimento feito pelos dedos ou pela mão do terapeuta;
5 - Encontrar o olhar do outro - fixar o olhar e manter a relação com os olhos.

ORO-FACIAIS

Os movimentos faciais além de facilitar a mobilidade e tônus da musculatura facial são movimentos regressivos que remetem a movimentos do bebê.
1 - Procurar todos os movimentos faciais, livremente, e repetir lentamente cada movimento descoberto. Imitar movimentos do terapeuta ou do próprio grupo;
2 - Abrir a boca e fechar, sem mexer a cabeça;
3 - Abrir a boca rápido - fechar bem devagar;
4 - Apertar os lábios com força - soltar devagar;
5 - Movimentar os lábios livremente, mantendo os dentes em posição normal. A seguir, bem lentamente;
6 - Inflar bochechas juntas, separadas. Soltar devagar;
7 - Colocar a língua para fora - para dentro;
8 - Mexer a língua bem devagar dentro da boca fechada;
9 - Mover a cabeça para frente, para trás, mantendo a língua em repouso e a boca fechada;
10- Fazer caretas diversas;
11- Deitado no chão: cabeça apoiada em uma hemi-bola de silicone, balançar a cabeça

para a direita, para a esquerda, olhando a sala em toda a volta;

12- Deitado no chão: cabeça apoiada em uma hemi-bola de silicone, prender a língua no céu da boca, soltar a mandíbula.

13- Abrir um olho com o outro fechado;

14- Colocar a língua para fora;

15- Com a boca fechada, empurrar as bochechas com a língua;

16- Passar a língua nos lábios superior e inferior;

17- Encolher a língua;

18- Dobrar a língua entre os dentes;

19- Preparar os lábios, como se fosse assobiar. Assobiar;

20- Encher as bochechas de ar;

21- Fazer um rosto alegre;

22- Fazer um rosto triste;

23- Fazer um rosto sério;

24- Fazer um rosto pensativo;

25- Fazer um rosto de medo;

26- Erguer as sobrancelhas, abrindo a boca;

27- Fechar e abrir os olhos;

28- Com a cabeça parada, olhar para cima, para baixo, para o lado direito e lado esquerdo;

29- Piscar rapidamente;

30- Manter a língua em sustentação, colada ao palato (céu da boca). Estalar.

CONSCIÊNCIA DA BACIA

1 - Deitar e segurar a barriga e os quadris, com as mãos. Procurar sentir bem os ossos com as mãos (variações: em pé, sentado);

2 - Deitar com a barriga encostada no chão. Respirar fundo e sentir a barriga e os quadris. Soltar o ar e repetir o movimento;

3 - Deitar com a barriga encostada no chão e com os braços ao longo do corpo. Respirar fundo, arrastando os braços até o alto da cabeça e soltar o ar, voltando os braços ao longo do corpo. Sentir a barriga e a bacia;

4 - Deitar com a barriga encostada no chão e apoiando as mãos na altura da cabeça, levantar o corpo procurando sentir bem a barriga e os quadris. Voltar à posição inicial e repetir o movimento (pode ser associado também à respiração);

5 - Sentar, colocar as mãos no abdômen e quadris. Inclinar o corpo para frente, procurando sentir a barriga. Voltar à posição inicial e repetir o movimento (pode ser associado à respiração/variação: em pé);

6 - Deitar de costas, com os braços esticados acima da cabeça. Rolar pelo chão em uma só direção. Mudar de direção, procurar sentir a barriga e os quadris (variações: rolar meia volta para cada lado; rolar meia volta para cada lado, com a ajuda do colega, que ficaria com suas mãos na bacia do outro);

7 - Ficar em pé, com as mãos na barriga e quadris. Movimentar de um lado para o outro, sentindo bem a barriga e os quadris (variações: para a frente e para trás, girar);

8 - Variar o anterior: frente, lado, atrás, lado;

Proposta de trabalho corporal em Ramain-Thiers

9 - De pé - encostado na parede, flexionar levemente os joelhos: ir descendo o corpo a partir da cabeça sem deslocar a bacia da parede. Voltar à posição inicial;

10- De pé - experimentar a sensação de bacia malcolocada - pernas enrijecidas, bacia para trás - tronco rígido. Experimentar a sensação de bacia bem-colocada: pés paralelos, joelhos flexionados voltados para frente, púbis para frente, umbigo recolhido, contraído, em direção às costas, coluna reta, ombros soltos, cabeça reta (o topo parece estar sendo suspenso por um fio), queixo levemente solto;

11- Andar com a bacia colocada (passos a partir do calcanhar) e com a bacia deslocada (rotação de quadril);

12- Pés apoiados paralelos pelo bordo externo. Flexão do joelho, púbis para frente, umbigo para as costas (contração de abdômen), tronco reto - olhar para frente, cabeça reta - Soltar os braços e buscar a sensação do corpo;

13- Mesma posição anterior - encostado na parede;

14- Mesma posição que a anterior - deslizar sentando no chão;

15- Mesma posição de partida que a 12 - ir flexionando o joelho sem desfazer a postura. Levantar.

CADÊNCIA: ORGANIZAÇÃO TEMPORAL

1 - Acompanhar com palmas o som do tambor. Variações: devagar, depressa, forte, fraco;

2 - Andar ao som do tambor (palmas). Variações: devagar, depressa;

3 - Pedir a cada criança que bata palmas ou bata no tambor. Pedir para bater mais lento, mais rápido;

4 - Bater duas cadências de diferentes durações: a criança deve dizer qual a mais rápida, qual a mais lenta (1ª ou 2ª) (vem antes ou depois);

5 - Escutar e depois reproduzir com palmas o som do tambor (ou palmas). Variações: devagar, depressa, forte, fraco;

6 - Jogar a bola no chão ao som do tambor, ou palmas. Variações: devagar, depressa;

7 - Ficar um em frente ao outro e jogar a bola para o companheiro ao som de palmas, tambor. Variações: devagar, depressa;

8 - Sentar-se (em grupo): reproduzir com as mãos o som executado pelas palmas, tambor, metrônomo. Variações: em pé, reproduzir com os pés, reproduzir com mais força, com igual força, com menos força;

9 - Sentar-se em roda, com os pés cruzados. Reproduzir com palmas o som executado pelas palmas, tambor. Variações: uma criança reproduz mais forte e a outra mais fraco;

10- Todas as propostas, introduzindo acentuações, sendo que nessas acentuações as crianças podem parar, reproduzir também mais forte, mudar de direção quando estiver andando;

11- Experimentar cadências do tipo:

a) Isócronas:

OOOO OOOO OOOO

OOO OOO OOO OOO

b) Acentuadas simples (forte x fraco):

OO OO OO

OOO OOO OOO
OOOO OOOO OOOO
O = batida fraca
O = batida forte

c) Acentuadas complexas (2 acentuações):
OOOO OOOO OOOO
OOO   OOO   OOO

12- Caminhar sob uma cadência acentuada (no 2º tempo): No tempo certo bater palmas;
13- *Trabalho de trios*: (mínimo de 2 trios)
     cadência: OOOO
     proposta: repetir a cadência com palmas. O 1º trio bate 3 vezes a cadência, pára e o 2º trio começa a bater 3 vezes, pára e o 1º trio recomeça etc... É um trabalho de seqüência;
14- *Trabalho de trios*: (mínimo de 2 trios)
     cadência: OOOO
     proposta: repetir a cadência com palmas. O 1º trio bate OOOO 3 vezes, não pára. O 2º trio entra e bate OOOO 3 vezes. Os 2 trios batem juntos mais uma vez, param juntos;
15- *2 subgrupos:* Um subgrupo bate uma cadência acentuada (qualquer uma), pára. O outro subgrupo responde batendo a mesma cadência;
16- *2 subgrupos:* Um subgrupo comunica uma palavra ao outro com palmas e movimento corporal, mímica facial. O outro subgrupo deve desvendar a palavra. A escolha da palavra deve ser dentro de uma categoria.

CANTIGAS DE RODA

17- Memorizar uma cantiga de roda tocada pelo toca-fitas. Fazer movimentos com o corpo segundo a cadência introjetada;
18- Cantiga "Samba lelê". Andar batendo palmas ao mesmo tempo, até o grupo entrar em harmonia;
19- Cantiga "Atirei o pau no gato". Dividir o grupo em subgrupos. Cantar a cantiga batendo o pé nas consoantes mais fortes, sendo que um subgrupo cantará devagar e o outro rápido, até que o grupo entre em sintonia;
20- Cantiga "Escravos de Jó". Trabalho de grupo com bola. Formar um círculo sentado no chão. Passar a bola para o companheiro do lado, ora pela direita, ora pela esquerda, respeitando os tempos fortes.

RESPIRAÇÃO

Respirar é prazer, ao respirarmos introjetamos pulsão de vida! Respirar consciente é de grande valia para o crescimento emocional de cada um.

No trabalho de respiração é importante a consciência do ato de respirar, assim como a consciência corporal. Todas as propostas de respiração devem ser vividas em estado de descontração.

Proposta de trabalho corporal em Ramain-Thiers 101

As crianças precisam conscientizar os níveis de possibilidades respiratórias: toráxica superior, costa abdominal, abdominal, assim como os tipos e ritmo.

Os adolescentes e adultos devem conscientizar não só o proposto às crianças, mas também que as *expirações devem ser mais acentuadas*, porque favorecem que as inspirações seguintes sejam maiores e amplia espaços interiores, em todos os níveis desde o fisiológico até o emocional.

SUGESTÕES

1- Caminhar consciente da respiração: inspirando o ar pelo nariz e soltando pela boca.

Variar posturas:
* sentado no chão;
* sentado em cadeira;
* deitado;
* de joelhos.

Variar ritmos:
* respiração lenta;
* respiração rápida;
* inspiração bem devagar - expiração rápida;
* inspiração devagar - expiração em suspiros
* inspiração devagar - expiração devagar.

2 - Colocar as mãos sobre o tórax e sentir o movimento de inspiração e expiração:
* sobre o diafragma;
* acima da cintura, dos 2 lados do corpo (sentir o alargamento),
* no abdômen (muito importante para os órgãos abdominais e circulação de pernas e base dos pés);

3 - Procurar perceber como é a sua respiração: se inspira mais demorado; se inspira mais vezes;

4 - Procurar perceber a entrada de ar pelas narinas;

5 - Experimentar a diferença entre expirar pelo nariz e expirar pela boca;

6 - Experimentar respirar por uma só narina e soltar o ar pela outra, sentado no chão com a cabeça apoiada sobre a mão (um dedo entre as sombrancelhas e outros dois para movimentar as narinas);

7 - Encolher bem a barriga e inspirar procurando trazer o ar até bem acima, na região toráxica. Expirar encolhendo mais a barriga;

8 - Inspirar, dirigindo a atenção interior para partes do corpo:
Ex: joelho direito, pescoço etc (trabalhar partes afastadas)
* Prender ao máximo a inspiração,
* Expirar num suspiro profundo;

9 - Inspirar, soltar o ar. Permanecer o maior tempo possível e voltar a inspirar;

10- Imaginar uma cor e inspirar esta cor percorrendo imaginariamernte o trajeto desta cor (ou seja o trajeto da respiração);

11- Sentado no chão, palmas das mãos unidas, planta dos pés também unidas, com leve elevação dos joelhos.

• Inspirar e expirar bem devagar, numa respiração completa.

(A atenção interior deve percorrer o corpo todo, durante a inspiração e expiração.)

PROPOSTAS DE SOPRO

12 - Caminhar enchendo bolas de ar. Esvaziá-las várias vezes;

13 - Caminhar mantendo no ar, com o sopro: papel de bala, algodão desfiado, papel de seda, peninhas e outros materiais;

14 - *Em dupla*: Soprar juntos e manter no ar: uma folha de papel de seda, peninhas;

15 - Propostas corporais onde no esforço da expiração é feito o esforço do movimento corporal, como por exemplo: levantar braços, esticar, dobrar vértebra por vértebra até que as mãos toquem no chão, abrir os braços, massagear a coluna com bastões, bolas.

EQUILÍBRIO

1 - Apoio sobre um pé. Explorar os diferentes movimentos da outra perna, mantendo o corpo bem colocado (permitir que a criança descubra). Dobrar a perna. Flexionar a perna. Balançar a perna. Levantar x abaixar.

2 - Explorar a execução de um dos movimentos feitos anteriormente bem lentamente, em boa posição de corpo.

3 - Apoio sobre os 2 pés - flexionar o joelho de uma perna, de outra perna;

4 - Apoio sobre um pé - deslocar o outro pé: para frente - juntar. Para trás - juntar. Para o lado - juntar;

5 - Apoio sobre um pé. Elevar o outro até a ponta do pé, voltar. Elevar o outro até a ponta do outro pé, voltar. **Obs.**: Flexionar o joelho neste trabalho;

6 - Flexão lateral das pernas - corpo reto;

7 - Sustentar um tablóide na cabeça e caminhar;

8 - No chão, de quatro, alongar as costas como gato e voltar à posição inicial;

9 - Na mesma posição, abaixar as costas e voltar à posição inicial;

10- Experimentar caminhar, pisando com a parte externa dos pés, com a parte interna dos pés, ponta dos pés;

11- Caminhar e, a um sinal, parar imobilizado na posição que estava;

12- Caminhar sobre traçados no chão;

13- Caminhar pé após pé sobre traçados no chão, em formas diversas: quadrados, círculos, triângulos;

14- Parados, oscilar o corpo para frente x para trás, oscilar em rotação;

15- O terapeuta coloca o braço estendido ou um bastão que vai diminuindo de altura. Em fila, passar sob o bastão;

16- Sentados com as pernas esticadas, encolher as pernas e abraçá-las, retirando os pés do

Proposta de trabalho corporal em Ramain-Thiers

chão. Voltar à posição inicial e repetir o movimento;

17- Parados, 2 pés paralelos, colocar um pé na frente. Passar o peso do corpo para o pé da frente. Voltar. Trocar os pés de posição;

18- Parados, pés paralelos, joelhos levemente flexionados. Passar o peso de apoio de um pé para o outro, lateralmente;

19- O mesmo exercício anterior, elevando a perna para frente, a 90° (a perna que tirou o apoio do solo), balançando para frente, para trás;

20- Dispor no chão tabletes de espuma dura e caminhar sobre eles. **Obs.**: Criar ambientes para vivências grupais, usando-se espumas no chão, caixas espalhadas, bastões apoiados em duas cadeiras.

DESLOCAMENTO

1 - Caminhar, parar;

2 - Combinar as propostas anteriores com a marcha. Caminhar e só ao parar pedir qualquer das propostas;

3 - Deslocar-se com movimentos de dedos de pés;

4 - Deslocar-se caminhando com a ponta dos pés;

5 - Deslocar-se caminhando com o calcanhar;

6 - Combinar sentindo a ponta dos pés-calcanhar;

7 - Deslocar um pé após outro;

8 - Deslocar-se juntando calcanhar-ponta;

9 - Deslocar-se caminhando bem leve com a ponta do pé;

10- Deslocar-se caminhando pesado (batendo o pé), caminhando pesado com a planta do pé;

11- Deslocar-se dando 2 passos grandes, 1 pequeno;

12- Deslocar-se com 2 passos grandes bem leves, 1 passo pesado;

13- Caminhar com passos grandes, com passos pequenos;

14- Caminhar rápido, braços soltos (relaxados);

15- Caminhar firme, braços relaxados;

16- Caminhar passos leves, braços firmes;

17- Caminhar com um pé forte, outro fraco, trocar.

18- *Em dupla*: caminhar, sendo que um caminha com passos fortes e o outro com passos leves. Alternar;

19- *Em dupla*: ombro a ombro. A dupla procura uma forma de caminhar harmoniosa. Ir trocando de dupla a cada palma;

20- Caminhar entre obstáculos colocados no chão;

21- Caminhar sobre materiais diversos colocados no chão;

22- Caminhar sustentando um livro na cabeça;

23- Caminhar com os 2 braços na horizontal sustentando uma folha de papel, sem deixar cair;

24- Caminhar mantendo um arco girando no braço;

25- Caminhar segundo cadências diversas propostas;

26- Caminhar ao som de tema musical, movimentando o corpo, segundo o tema, mas sem dançar;

104   *Sociopsicomotricidade Ramain-Thiers*

27- Caminhar ao som de tema musical, alongando bem as articulações;

28- Caminhar ao som de tema musical, movimentando os diversos segmentos, em rotação progressiva;

29- Caminhar ao som de tema musical, procurando movimentação ampla dos membros;

30- Caminhar encolhendo e esticando o corpo.

    Obs.: As possibilidades são infinitas. O terapeuta deve escolher o que melhor se adapte ao seu grupo.

ORGANIZAÇÃO DO ESPAÇO — ORIENTAÇÃO

1 - Caminhar livremente, em todas as direções;

2 - Caminhar numa direção. Ao ouvir um sinal, parar. Dar uma pausa e continuar caminhando sem esperar outra instrução. Retornar de costas ao ponto inicial e continuar em outra direção;

3 - Caminhar e ficar o mais afastado possível, ocupando toda sala;

4 - Caminhar ocupando todo o espaço da sala;

5 - Caminhar bem próximo dos limites da sala;

6 - Caminhar devagar, muito devagar;

7 - Caminhar rápido, bem rápido, sem correr;

8 - Caminhar o mais próximo possível entre si;

9 - Caminhar o mais afastado possível entre si;

10- Caminhar aos pares, de mãos dadas, lado a lado. Afastar-se para os lados, retornar ao seu par sem parar de caminhar;

11- Caminhar e ao parar formar um grupamento. Afastar-se bem devagar (todo o grupo). Retornar o que estiver mais afastado ou mais próximo do terapeuta;

12- Caminhar e ao parar formar fileiras. Guardar espaços iguais entre si. Andar de costas até a parede próxima, sem olhar, sem esbarrar;

13- Caminhar, ao parar, formar fileiras voltadas uma para a outra;

14- Caminhar de acordo com a solicitação do animador: para frente, para trás, de lado, para o lado;

15- Isolado, em fileiras ou em círculo: dar um passo para frente, dar um passo para trás, dar um passo para um lado, dar um passo para o outro lado;

16- Caminhar formando dois círculos;

17- Caminhar formando dois círculos, um grande, outro pequeno;

18- Caminhar formando dois círculos, um dentro do outro;

19- Afastar-se caminhando para trás mantendo círculos concêntricos;

20- Caminhar e formar com os passos formas geométricas: 3 lados iguais; 4 lados iguais; circulares; ovais;

21- Ocupar com o corpo o menor espaço possível e o maior espaço;

22- *Em grupo:* ocupar o menor espaço. Ocupar o maior espaço;

23- O grupo espalhado na sala ouvirá uma cadência isócrona simples; a seguir caminhará de acordo com a cadência que ouviu, formando uma fileira ou um círculo ao parar;

24- Caminhar, parar em relação ao terapeuta: de frente, de costas, de um lado, de outro;

25- Em fileiras, mantendo os espaços: aproximar, afastar, cruzar fileiras sem tocar. Uma

Proposta de trabalho corporal em Ramain-Thiers

fileira caminha rápido. Outra fileira caminha devagar. Uma fileira de costas para outra; dar 2 passos, voltar e ficar frente a frente. Parar sem tocar o companheiro;

26- Caminhar para um lado da sala, parar. Afastar-se com muitos passos. Afastar-se com poucos passos;

27- Caminhar para o meio da sala, parar num canto da sala. Com muitos passos. Com poucos passos. Retornar;

28- Caminhar em círculos de mãos dadas: num sentido, no outro, ocupar o maior espaço sem parar, ocupar o menor espaço sem parar de caminhar;

29- Usando cartolinas no chão: caminhar entre elas;

30- Cartolinas dispostas em círculos no chão: caminhar em círculos com um pé sobre o linóleo, outro não. Caminhar em sinuosa entre as cartolinas;

31- Andar em fila, dar 3 passos rápidos para a frente, com as mãos na cabeça e depois 2 passos para trás com as mãos ao longo do corpo. Fazer uma sinuosa, um zigue-zague;

32- Duas filas paralelas. Cada fila deve caminhar em uma direção oposta, na sala. Os 2 grupos devem deslocar-se, sendo que o limite fica na possibilidade de as pessoas se entreolharem;

33- Explorar as possibilidades do de volta e volta.

Obs.: O de volta é conseguido a partir destas orientações:

• pés paralelos,

• manter um pé de apoio,

• manter o calcanhar de um pé fixo, que servirá de ponto de apoio para girar 90° em relação ao outro pé,

• reunir os dois pés pelo giro.

A volta é conseguida a partir destas orientações: caminhando, parar sem juntar os pés, os 2 pés giram 180° a partir do apoio dos 2 calcanhares (os pés não saem do chão).
Exemplos: Caminhar 4 passos, dar de volta, prosseguir fazendo um círculo. Caminhar; a um sinal, dar volta.

SEGMENTOS CORPORAIS

BRAÇOS - OMBROS - ANTEBRAÇOS

1 - Movimento livre de braços;

2 - Movimento livre de braços, bem lentamente;

3 - Movimento de braço, para frente, para baixo; para frente, para o lado. Para o lado, para frente. Pedir movimento com um braço; outro braço. Os dois braços juntos. Os dois braços alternados;

4 - Movimento de braço para o alto, até onde puder. Baixar devagar;

5 - Movimento de braço para o alto, mostrar, não mais a horizontal;

6 - Abrir os braços, juntar. Mesmo movimento mais devagar, sem fazer ruído. Batendo palmas;

7 - Movimento de braço colocando as duas mãos: mais alto que a cabeça sem tocar no

corpo. Na mesma altura que a cabeça. Mais baixo que a cabeça;

8 - Mexer os ombros;

9 - Movimentar um braço, esticando ao máximo para frente, depois outro braço. Observar a mão como continuidade do braço;

10- Caminhar a seguir com estes movimentos alternados;

11- Caminhar: esticando o braço e encolhendo ao máximo. Bem lento;

12- Movimentar os braços formando formas geométricas (já trabalhadas andando);

13- Caminhar e utilizar os braços para abraçar um colega, dentro de uma proposta;

14- Caminhar amparando nos braços tecidos diversos;

15- Caminhar procurando as possibilidades de ângulo entre as diferentes partes do braço;

16- Colocação nas diferentes posições de partida, antebraço horizontal. Antebraço vertical;

17- Rotação, antebraço horizontal. Palmas para cima, palmas para baixo. Pode ser feito: juntos, separados, alternados;

18- Rotação, antebraço vertical, frente x costas. Pode ser feito, juntos, separados, alternados;

19- Levantar e abaixar. Posição de partida: antebraço horizontal;

20- Levantar até os ombros. Posição de partida: antebraço horizontal;

21- Cruzar. Posição de partida: ante-braço horizontal. Antebraço vertical;

22- Aproximar e afastar as mãos abertas. Posição de partida: antebraço horizontal;

23- O mesmo exercício: aproximar lento, afastar rápido;

24- Afastar as mãos, aproximar encostando suavemente;

25- Afastar as mãos, aproximar encostando com força;

26- Cruzar os braços sobre o peito, colocando as mãos sobre os ombros;

27- Cruzar os braços nas costas;

28- Colocar uma das mãos na nuca; a seguir, a outra. Retirar uma de cada vez. Caminhar;

29- Deslocar-se de cócoras, braços cruzados;

30- Exprimir com braços expressões de agrado, desagrado, afeto, revolta etc...

MÃOS - PULSOS - DEDOS
PROPOSTAS:

1 - Braços estendidos ao longo do corpo (na vertical). Movimento livre; movimento bem lento; movimento circular de mãos;

2 - Antebraço na horizontal. Movimento circular. Movimento para cima, para baixo (sem exigência). Mão perfil, fechada, aberta. Mão acima, aberta;

3 - Antebraço na vertical. Fantoche mole. Rotação: um pulso, outro pulso; os dois alternando;

4 - Combinando com cada um dos movimentos acima;

5 - Abrir e fechar as mãos (diferentes posições de partida);

6 - Fechar as mãos suavemente;

7 - Fechar as mãos com força;

8 - Palmas surdas com dedos separados;

9 - Palmas fortes com dedos unidos;

10- Dedilhado: diferentes posições de partida, num sentido, sentido inverso, as duas jun-

Proposta de trabalho corporal em Ramain-Thiers

tas, alternando em seqüência (uma mão após a outra);

11- Piparote - diferentes posições de partida. Com suavidade. Com força;

12- Dedilhado, deslizando os dedos pelo polegar; bem lento;

13- Movimento com o polegar. Antebraço vertical, mãos fechadas. Levantar, abaixar o polegar;

14- Movimento com o indicador: formando linhas verticais e inclinadas, quebradas e curvas frente a si. Formando uma linha horizontal a partir de si, frente a si. Antebraço vertical, mãos fechadas. Levantar, abaixar indicador;

15- Separar os dedos, unir. Diferentes posições de partida;

16- Em círculo, de mãos dadas. Com suavidade; com força;

17- *Em dupla*: um deve descobrir a própria mão e a mão do outro;

18- *Em dupla*: combinando tocar palma de mão com palma de mão, manter unido. Sentir a mão do outro;

19- Caminhar passando as mãos pelo próprio corpo da cabeça aos pés, dos pés à cabeça;

20- Caminhar aquecendo as mãos, esfregando uma na outra e colocá-la em diferentes partes do corpo, por exemplo: os olhos, a nuca, a laringe, os braços etc...
O importante é que a mão aquecida seja colocada em partes do corpo que estejam expostas. Sobre a roupa não tem grande valor;

21- Sentado no chão: massagear as mãos com óleo aromatizado. Ex: alecrim, lavanda, rosa;

22- Sentado no chão, acariciar-se com leveza os dedos, os pés, pernas, braços, mãos. (movimentos ascendentes);

23- *Em círculo ou em dupla ou trio*: dar as mãos entrelaçando os dedos e buscar movimentos sintônicos com o corpo;

24- Explorar com as mãos todos os materiais do espaço, de texturas diferentes;

25- Deitado no chão: braço sobre o corpo, mão no chão do lado oposto; percorrer o chão com a mão deslizando pelo chão até o alto da cabeça. Voltar à posição inicial;

26- Explorar a capacidade de comunicar através das mãos;

27- Sentir a mão com braços ao longo do corpo: o fluir do sangue, a pulsação, o tremor, a rigidez, a firmeza etc...;

28- Tocar as palmas com palmas coladas e levemente afastadas. Sentir as diferenças;

29- Apertar com as mãos partes do corpo e a seguir tocar bem de leve. Sentir a diferença;

30- Descobrir possibilidades de bater palmas em grupo, em círculo. Sentir as mãos depois que batem palmas.

SIMETRIAS CORPORAIS

1 - Sentados, braços ao longo do corpo: levantar o braço direito até a horizontal (pode mostrar). Levantar o braço esquerdo igual ao primeiro: variar para frente, até a vertical, acima da cabeça, de pé, deitado no chão. Desfazer;

2 - Sentados, braços ao longo do corpo: erguer os braços pelo lado e juntar acima da cabeça. Experimentar descer o tronco nesta posição de braços. Desfazer. Variações: em pé, deitado, arrastando braços pelo chão ;

3 - Sentados no chão: afastar a perna direita para a lateral; afastar a perna esquerda igual à

primeira; desfazer; colocar os braços em "candelabro" para trás (ângulo de 90°), mãos apoiadas pelo dorso; experimentar a sensação de um lado, do outro do corpo;

4 - Sentado no chão, pernas esticadas: dobrar uma perna sem tirar o pé do chão; aproximar o joelho do peito; repetir o mesmo com o outro lado; desfazer;

5 - Deitado no chão:

• Colocar os braços em ângulo de 90°, para trás, mãos apoiadas pelo dorso.

• Desfazer. Sentar-se, experimentar a postura para o alto, sentir;

• Desfazer, deitar, experimentar a postura (mãos em direção aos pés). Mãos apoiadaspelas palmas;

É importante que as mãos fiquem inteiras apoiadas no chão (exigência só para adolescente e adulto);

6 - Deitado no chão: procurar todas as simetrias corporais possíveis: braços x braços, pernas x braços, pernas x pernas;

7 - Em círculo, pés paralelos.

Deslocar o peso do corpo para o peito do pé, joelhos levemente flexionados. Esticar um braço para frente, cima, lados. Coordenar a respiração com o movimento;

Voltar. Refazer com o outro lado do corpo;

8 - Em círculo, alongar o braço esquerdo e a perna direita para trás, para o lado, para a frente. Voltar, repetir com o outro lado do corpo;

9 - Caminhar, sentindo a elevação da movimentação só da perna direita e do braço direito até a horizontal. Algum tempo dirigir a atenção só para estas partes. Parar. Retomar dirigindo a atenção para o outro lado do corpo;

10- *Em dupla*: propostas de espelhamento;

11- Sob uma cadência gravada em fita cassete: buscar movimentos primeiro de um lado do corpo, depois igualar do outro lado;

12- Sentados em 2 fileiras, uma frente a outra: o primeiro cria um modelo de movimento, o da frente repete simetricamente; o segundo cria um modelo diferente do primeiro, o da frente repete. Assim sucessivamente, sendo que cada dupla terá seu tempo de movimento, diferente dos outros. Duas fileiras paralelas em cadeiras;

13- De joelhos sobre o assento de uma cadeira: apoiar as mãos no encosto, esticar uma perna para cima; o outro de frente repete o movimento;

14- Apoio de joelhos sobre a cadeira: girar as duas pernas juntas para um lado, esperar o outro repetir, continuar;

15- Simetrias com as mãos: experimentar simetrias a partir do movimento de pulso: dobrar as mãos para dentro, de forma plana, dobrar as mãos para fora, palmas para o alto, dobrar as mãos fechadas para dentro, dobrar as mãos fechadas para frente. Procurar fazer movimento com as 2 mãos semelhante a um "martelo";

16- Simetrias de dedos: experimentar simetrias a partir do movimento de horizontalização de cada dedo, um frente ao outro;

17- *Trabalho de grupo*: Metade de grupo cria uma forma de entrelaçamento a partir de braços e pernas (de pé, deitado). A outra metade repete a simetria;

18- Realizar em grupo círculos simétricos, pelo caminhar. Os pontos de mudança de direção são marcados por cada membro do grupo, riscando no chão com giz. O terapeuta

Proposta de trabalho corporal em Ramain-Thiers 109

acompanha a criação;

19- Descobrir em grupo, com uso de papel kraft, no chão, possibilidades de vivenciar a simetria através de passos;

20- Trabalhar em formas geométricas espalhadas: quadrados, triângulos, círculos, trapézios. Risca-se no chão o eixo de simetria e metade da figura. Com passos, realizar o circuito das formas.

Todas as propostas podem ser adequadas à necessidade do grupo, ao seu movimento de vivência emocional.

2 - TRABALHO CORPORAL PARA CRIANÇAS E PRÉ-ADOLESCENTES

Solange Thiers

PROPOSTAS:

1 - Andem por todo o espaço da sala. Procurem chegar nos cantinhos, naquele lugar onde as duas paredes se encontram. Parem neste espaço e passem as mãos na linha vertical que une as duas paredes. Sintam... façam algumas vezes... encostem o corpo neste espaço, procurando dar um giro sobre os pés, de forma que a frente do seu corpo, as suas costas, o lado direito e o lado esquerdo se encostem nesta quina de parede. Novamente encostem nesta quina... vai ficar um espaço entre vocês e a parede. Agora procurem apoiar-se nas paredes com as mãos e desçam seus corpos devagar, até sentarem-se no chão. Sentados no chão, batam palmas algumas vezes. Saiam deste canto da sala engatinhando pelo espaço da sala;

2 - **Material**: pedaços de papel de seda (meia folha), cadeiras espalhadas.
Proposta: Andem mexendo braços e pernas... parem. Andem mexendo só as mãos, abrindo e fechando com muita força. Apanhar uma folha de papel de seda. Sacudir a folha de papel para tirar som do papel. Sacudir com suavidade, sacudir forte. Ouvir o som que todos conseguem. Soprar o papel sem largá-lo. Ouvir novos sons. Sentar nas cadeiras. Experimentar rasgar o papel em tiras, devagar... rápido... em pedaços grandes... em pedaços pequenos. Jogar os papéis no chão. Segurando no encosto da cadeira, ficar de pé sobre ela. Bem devagar soltar as mãos e abrir os braços, segurar novamente no encosto da cadeira... ajoelhar-se sobre ela... encolher a barriga, soltar, descer da cadeira. Andar entre as cadeiras, pisando no papel espalhado no chão;

3 - **Material**: retângulos de papel celofane 20 cm x 10 cm (2 por pessoa). Cores diferentes.
Proposta: Pegar um pedaço de papel celofane e andar. Passar o papel pelo rosto, pescoço, braço direito... braço esquerdo... perna direita e perna esquerda. Procure sentir como sua pele reage ao contato do papel:
— É bom? É mau? Faz cócegas? Arrepio?
Sentem no chão em círculo... Cantando uma cantiga de roda, passem o papel de um para o outro no círculo, procurando viver o ritmo da cantiga com movimentos do tronco. Parar. Sair do círculo jogando os papéis no chão dois a dois. Depois pisem nos papéis com os dois pés e deslizem pelo espaço, aproveitando o que o papel permite vivenciar;

4 - **Proposta:** Chão riscado com giz em trajetórias do tipo:
- riscar tantas trajetórias quanto sejam os membros do grupo;
- cada um vai escolher um trajeto para começar.
    A cada nova proposta, mudar trajeto. Caminhar por estes trajetos:
- na ponta dos pés, braços abertos;
- na ponta dos pés, braços levemente afastados do corpo;
- na ponta dos pés, braços junto ao corpo.

Perceber qual é a sua melhor forma de caminhar. Agora... experimentar andar apoiado no calcanhar... mude de trajeto. Organizem-se em fila, um atrás do outro;

5 - **Proposta**: Ocupar a sala com os passos. Manter distâncias iguais entre vocês. Sentar no chão. Ouvir a cadência — (o terapeuta bate em palmas mais ou menos 5 vezes). Agora escutem uma vez e comecem a bater palmas junto, batendo mais forte, no tempo forte. Levantar e começar a caminhar nesta mesma cadência, marcando tempo forte com pés no chão. Parar. Bater palma livremente. Bater palmas todos ao mesmo tempo:
• bem devagar e alto;
• bem rápido e baixo.
Oferecer ao grupo um tambor: cada criança vai experimentar bater de uma forma diferente. Quando todos tiverem feito parar, cada criança deve soltar seu corpo sentindo-o bem rígido, bem mole;

6 - **Proposta:** Caminhar sentindo o peso do braço ao longo do corpo. Parar e fazer movimentos amplos de braço, mexa o braço como quiser. Procure descobrir o que o seu braço pode fazer. Soltar os braços ao longo do corpo. Senti-los pesados. Começar a mexer os dedos das mãos:
• abrindo, fechando (3 vezes);
• afastando, aproximando (3 vezes).
Caminhar unindo calcanhar, ponta de pé em uma linha reta sobre o chão. Experimentar andar sobre a linha reta:
• abrindo bem os braços;
• fechar bem os braços (dar um abraço em si mesmo).
Dispersar... andar livremente pela sala;

7 - **Proposta:** Caminhar bem devagar... Diante da apresentação de cartões coloridos, seguir a codificação:
• *verde* - caminhar em fila, um atrás do outro;
• *azul* - caminhar em duplas, ombros unidos;
• *vermelho* caminhar, a cada 2 passos, balançar o tronco para um lado e outro (D e E). Apanhar uma bola de borracha média. Parados, jogar a bola como quiser. Parar. Lançar a bola com as duas mãos na parede e receber. Lançar a bola no chão com o pé (longe - perto). Caminhar seguindo o percurso da bola. Deitar no chão, joelhos dobrados, pés no chão: jogar a bola para o alto, cada vez mais alto e apanhar com as mãos sem sair do lugar. Levantar, caminhar sentindo o eixo corporal;

8 - **Material:** sacos de areia.
Proposta: Andar pela sala de mãos dadas:
• com o corpo bem junto um do outro;
• bem afastados entre si.
Andem de um lado ao outro na sala. Soltar as mãos. Encostar-se de costas na parede. Sentir o corpo como encosta na parede (que partes estão encostadas, que partes estão desencostadas). Apanhar o saco de areia e jogar no chão aleatoriamente. Subir com os dois pés sobre o saco de areia, massageando a sola dos pés no saco de areia. Deixar só o calcanhar sobre o saco de areia, a ponta dos dedos no chão. Levantar e abaixar os

Proposta de trabalho corporal em Ramain-Thiers

calcanhares do saco de areia, mantendo os dedos dos pés fixos. Começar a emitir som junto com o movimento do corpo (pode ser som de vogais ou outro qualquer). Propor ao grupo atingir um único som sem parar o movimento de pés. A seguir, parar. Andar na sala, corpo bem solto, girando o tronco em movimentos circulares. Parar.

9 - **Material**: sacos de areia.

Proposta: Espalhar os sacos de areia no chão. Andar entre os sacos de areia. Andar dando uma volta circular em torno de cada saco de areia. Colocar o saco de areia na cabeça, andar sem deixar cair, fazendo um percurso por toda a sala. Fazer este percurso com os braços abertos na lateral. Fazer este percurso com os braços colados ao corpo. Procurar sentar-se no chão sem deixar cair o saco de areia da cabeça. Segurar o saco de areia com as duas mãos e colocá-lo sob os joelhos. Deitar-se bem devagar apoiando as mãos e antebraços no chão. Cruzar as mãos sob a cabeça. Apoiar a cabeça nas mãos. Dobrar os cotovelos para o alto (teto). Retirar a cabeça do chão levantada pelas mãos. Repetir algumas vezes. Parar. Soltar os braços ao longo do corpo. Descansar. Levantar do chão com suavidade, retirando o primeiro saco de areia de sob os joelhos;

10- **Proposta:** De pé. Sentir o peso do corpo sobre os dois pés. Pés afastados. Olhar para frente. Braços soltos ao lado do corpo. Sentir os apoios ao solo. Sentir o apoio dos calcanhares para as pontas e vice-versa bem lentamente, algumas vezes. Fazer um balanço com movimento de pés. Caminhar bem devagar em todas as direções, ao ouvir determinado som (escolha livre), parar e continuar a caminhar com um pé após outro em todas as direções também (bem lentamente). Caminhar com passos firmes, bem lentamente, mantendo os braços bem soltos. Caminhar com passos leves, bem lentamente, mantendo os braços firmes.Deitar no chão. Rolar bem lentamente. Passar de posição a outra, rolando bem lento. Deitados com calcanhares afastados, aproximar os dedos grandes dos pés e afastar bem lentamente. Passar da posição deitada à posição sentada. Sentado. Encolher os músculos da barriga: inspirar, pausa, expirar (3 vezes). Inspirar, expirar, pausa (3 vezes). De pé, caminhar na respiração natural de cada um;

11- **Proposta:** Caminhar livremente em todas as direções. Ao ouvir um sinal, caminhar com passos bem marcados (marcha). Parar. Caminhar devagar, muito devagar. Marchar devagar, rápido, batendo os pés no chão. Movimentar a cabeça livremente. Movimentar a cabeça lentamente, para ambos os lados. Caminhar o mais afastado possível entre si. Parar e movimentar a cabeça para os lados, parando no centro. Movimentar livremente os braços, inicialmente, parados e depois andando. Levantar e abaixar os braços simultaneamente e depois alternadamente. Abrir e fechar as mãos com os braços abaixados. Andar pela sala, mudando de lugar. Parar. Abrir e fechar as mãos com os braços estendidos para a frente. Novamente, mudar de lugar e realizar o mesmo movimento com os braços estendidos lateralmente. Abaixar os braços. Andar e tocar com a sua mão o ombro de cada um. Unirem-se pelos ombros;

12- **Proposta:** Na posição em pé e com o corpo reto, encolher a barriga e soltá-la. Andar balançando o tronco, fazendo movimento circular num sentido e no outro. Caminhar fazendo movimento circular da cintura para baixo. Tronco reto. Caminhar ocupando todo o espaço da sala. Parar. encolher e soltar a barriga (3 vezes). Continuar caminhando ocupando todo o espaço da sala. Parar. Caminhar com a ponta dos pés, parar.

Deslocar-se com os dedos em garra. Deslocar-se na ponta dos pés.
Sentados no chão, cada um deve bater palmas livremente. Enquanto um bate, os demais deverão ouvir a cadência, e quando perceberem deverão acompanhar aquele que está batendo. Sentados no chão. O terapeuta joga a bola para cada criança pelo chão. Usando as duas mãos, cada um deverá pegar a bola no chão, pelo lado direito, passar para frente, para o lado esquerdo (mostrar). A seguir passar a bola de uma mão para a outra. A seguir jogar a bola de uma mão para outra pelo alto. Deslizar de uma mão para a outra, pelo chão. Vocês vão apoiar um pé no chão e vão levantar o outro do chão o mais alto que puderem. O corpo ficará bem colocado e os braços soltos. Experimentar com o outro lado do corpo;

13- **Proposta**: Caminhar livremente pela sala guardando os espaços entre si. Caminhar olhando para o colega com a qual se encontra e procurar não encontrá-lo. Após cruzar o olhar com todos, parar. Caminhar de costas sem esbarrar nos objetos, nem nas pessoas. Caminhar de costas 5 passos e 2 para a frente;

14- **Proposta**: Mantendo uma boa posição em pé, braços ao logo do corpo. Elevar os braços para frente, abrindo-os lentamente num gesto amplo. Abaixar os braços. Cada movimento termina com os braços caídos ao longo do corpo. Braços ao longo do corpo. Apertar os braços contra o corpo. Acariciar o corpo com as mãos, começando na cabeça e terminando nos pés. Sentados, procurar uma boa posição na cadeira. Os braços ao longo do corpo, repetir todos os gestos que serão propostos; com o outro braço, repetir todos os gestos. Gestos: tocar sino, campainha, atender telefone, escovar dentes, pentear-se, limpar coisas, pintar parede. Livremente, fazer gestos habituais sem fazer barulho, com os dois braços. Parar. Sentir a linha mediana-eixo do corpo. Deitar no chão, pernas esticadas, braços ao longo do corpo. Levantar as duas pernas e deixá-las cair, uma de cada vez. Levantar-se e caminhar pela sala batendo palmas;

15- **Material:** borrachões de 1 m x 7 cm, 4 cores (um para cada criança), fita gravada com ritmo alegre, 4 bolas de 4 cores.
Proposta: Sentar no chão e ouvir música. Com o balanço do corpo ocupar o maior espaço na sala, o menor espaço. Ocupar o maior espaço grupal, o menor espaço grupal. Levantar e apanhar um borrachão. Caminhar explorando a relação do borrachão com o corpo: cabeça, tronco, quadril, cada perna, pés. Dispor os borrachões no chão fazendo um circuito e unindo cores diferentes, se tiver (parar a música). Caminhar sobre os borrachões sentindo a relação do pé com o borrachão. Apanhar as bolas e dispor nas intersecções do trajeto.
Formar uma fila que se desloca. Cada criança faz este trajeto:
- apanhar a 1ª bola, troca a 2ª pela 1ª, a 3ª pela 2ª ... e a última passa a ser a 1ª.
- entra o seguinte, que fará a mesma trajetória.

16- **Material:** tinta de pintura a dedo, papel kraft, tema musical.
Proposta: Andar pela sala passando a mão em todos os objetos do ambiente: cadeira, mesas, pastas, papéis, carteiras etc... Sentir a diferença de textura e de temperatura. Dispor papéis kraft no chão (2 a 2 juntos). Apanhar no centro um pote de tinta. Passar tinta nas mãos e pés. Cada criança ganha 2 papéis.
Andar sobre um papel kraft, deixando os pés marcados no papel (pés quase sem tin-

Proposta de trabalho corporal em Ramain-Thiers 115

ta). Repetir a proposta com as mãos em outro papel, esfregando, procurando criar um motivo decorativo com as mãos;

17- **Proposta**: Caminhar soltando o corpo. Dispor as mesas ou bancos na sala, uns bem próximos aos outros. Subir nas mesas e caminhar sobre elas bem devagar. Descer das mesas e caminhar entre as mesas. Apanhar os bambolês e dispô-los no chão. Entrar no interior do bambolê e:

- caminhar pelo contorno interno,

- ocupar o centro do bambolê,

- sentar-se no meio do bambolê,

- sentar-se esticando as pernas dentro do bambolê,

- engatinhar no interior do bambolê,

- levantar-se e sair do bambolê,

- caminhar pelo externo do bambolê,

- caminhar entre os bambolês,

- entrar e sair em cada bambolê e, ao entrar, parar no centro e bater 3 palmas antes de sair.

18- **Material:** papéis de seda (meia folha por pessoa), tema musical.

Proposta: Andar na sala abaixando o tronco para frente e voltando, e procurando a seguir dar uma volta circular com o tronco. Apanhar papéis de seda. Tirar som dos papéis de seda, todos os sons possíveis. Dispor os papéis de seda no chão. Cada um caminha pisando em todos os papéis, depois contorna os papéis com passos. Cada um situa-se sobre uma folha de papel. Amassar os papéis com os pés. Amassar bem os papéis com os pés. Um membro do grupo leva com os pés a sua bola de papel para o centro. Cada um vai agregando a sua bola de papel à primeira bola, a reunião dos papéis é sempre feita com os pés. Reunir todos os papéis numa única forma com os pés. Cada um deve ir novamente dar a sua forma ao monte de papel. A seguir, ir separando os papéis com os pés indiscriminadamente: um pode desfazer o papel do outro. Sentar-se no chão, olhar os papéis separados e espalhados e uma pessoa do grupo deve criar um movimento de corpo que simbolize o que foi vivido.

19- **Proposta:** Sentados no chão, dispersos, pernas cruzadas, esticar todo o corpo elevando os braços, encolher bem e voltar deixando o corpo em boa posição. Sentados no chão em círculo, inclinar o tronco para um lado, para o outro. Mostrar. Fazer esse movimento para frente e para trás. Fazer a oscilação completa de tronco. De pé: mover os dedos, com os antebraços na vertical (mostrar). Mover cada dedo separadamente. Baixar e levantar o dedo que o terapeuta for indicando. Elevar e abaixar cada um dos 10 dedos. Conforme proposta. Braços soltos ao longo do corpo, apertar e abrir as mãos. Andar com este movimento. Parar. Elevar ombros e soltar. Duas filas paralelas, uma frente a outra. Uma com as bolas abaixo dos pés, outra passando a bola de uma mão a outra. Colocar as bolas no chão, caminhar entre as bolas sem esbarrar nas bolas, parar. Segurar a bola. Jogar a bola livremente, jogar nas paredes: com força, bem leve. Alto, baixo, para um lado, para outro. Repetir, sem sair do lugar. Caminhar jogando ora no chão, ora para o alto, ora na parede;

20- **Proposta:** O terapeuta bate uma cadência. O terapeuta bate todos os tempos fracos e o grupo os tempos fortes.

Ex.: OOQ   OOQ   OOQ

Bater a mesma cadência em eco. O terapeuta acaba de bater, o grupo começa. Caminhar respeitando a cadência, sem ouvi-la mais, batendo com o pé no tempo forte. Parar de bater a cadência. Caminhar respeitando a cadência, sem ouvi-la mais, batendo com o pé no chão no tempo forte.

21- **Proposta:** Ocupem todo o espaço da sala caminhando. Ao ouvir um sinal vocês deverão parar e deslocar o pé direito para frente, para trás, para um lado e para o outro. Continuem andando, até ouvir outro sinal. Repetir a proposta.

Sentados no chão: mover a cabeça para todos os lados. O mesmo movimento bem lentamente. Parar. Abram e fechem os olhos bem devagar, bem rápido. Parar. Movimentem livremente os ombros. Olhem todos os objetos que estão no espaço da sala (o terapeuta deve usar tambor).

Bater palmas sem barulho. Bater palmas fortes. Bater palmas começando forte e ir terminando bem fraco. Inverter. Levantar. Caminhar batendo os pés no chão. Marchar. Andar junto batendo palmas e marchando. Caminhem batendo com força os pés em uma cadência forte. Caminhar batendo os pés bem leve ao ouvir cadência fraca.

Sentados em cadeiras: explorar as diferentes posições do corpo sentado (mantendo os pés apoiados). Movimentando o corpo em todas as direções bem levemente. Encolher e soltar a barriga bem devagar. Deslocar-se caminhando bem leve, bem pesado. Bem leve com as pontas dos pés. Bem pesado com os pés bem espalhados. Caminhar em todas as direções com dois passos leves e um pesado. Cada um no seu passo. Caminhar livremente em todas as direções com dois passos pequenos e um grande.

22- **Proposta**: Lançar a bola com uma das mãos, receber com as duas. Parados. Passar a bola em círculo, de mão em mão, braços esticados, bem lentamente com movimento de pulso. Num sentido, em outro sentido. Dois grupos. Enquanto um grupo caminha e joga a bola grande no chão, quicando, o outro se mantém parado jogando a bola pequena para o alto. Deitados no chão, flexionar uma perna após outra, bem lentamente. Soltar as duas bruscamente. Passar da posição deitado para a posição sentado. Voltar à posição deitada e afastar um braço até a altura do ombro (olhar); tentar colocar o outro braço em simetria sem olhar. Usar a visão apenas para controle, não para correção. Sentir a respiração na narina, no peito, no abdômen:

• deitado,

• sentado,

• de pé.

Encher balão de ar e soltar. Movimentar o corpo no percurso do balão.

23- **Proposta**: Caminhar numa direção e, ao ouvir uma batida, parar. Dar uma pausa e retornar de costas ao ponto de partida. Depois, continuar caminhando em outra direção; aguardar nova batida (máximo de 5 batidas). Marchar para a frente, no sinal para trás. Repetir algumas vezes.

OBS.: marchar é diferente de caminhar. Seguir com os olhos o movimento feito por uma lanterna. Colar na parede pequenos pedaços de papel fosforescente (ou pintados com tinta fosforescente), de cores diferentes, distanciados um do outro. A lanterna focalizará cada um deles da esquerda para a direita; os olhos se deslocam a partir do novo foco marcado. É, portanto, movimento rápido de olhos, com maior duração na pausa que é o foco.

3 - PROPOSTAS PARA CONSCIENTIZAÇÃO E LIMITE CORPORAL

(PARA ADOLESCENTES E ADULTOS COM PATOLOGIA GRAVE)

Solange Thiers

1 - RECONHECIMENTO DAS ESTRUTURAS CORPÓREAS (para o terapeuta)
- através de aplicação de grafismo da figura humana.

Objetivos:
Tomada de consciência de si, da imagem corporal que tem de si.
Detectar partes do corpo que apresentam tensões crônicas, zonas de conflito.
Correlacionar as patologias emocionais depositadas no corpo em zonas mais angustiantes, mais sutis.

2 - PLANEJAMENTO DE RECONSTRUÇÃO CORPORAL - EMOCIONAL para jovens delinqüentes, adultos mais problemáticos:

   a) Amassamento,
   b) Reconhecimento das estruturas ósseas,
   c) Reconhecimento de possibilidades tônicas,
   d) Práticas posturais,
   e) Relação de contato x relação de limite,
   f) Relação de contato e sensação interno/externo.

a) Amassamento:
      Técnica de reconhecimento das estruturas corporais, que consistem em segurar de forma firme com a mão o próprio corpo e buscando sentir a sensação da mão segurando o corpo e do corpo que está sendo contido pela mão. Trabalhar mãos, braços, pés e pernas (uma parte em cada sessão).

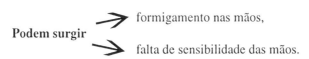

Esperar o momento adequado e trabalhar emocionalmente o material emergente.

b) Reconhecimento das estruturas ósseas:
   1) Pés, tornozelos,
   2) Pernas até a coxa-femural,
   3) Reconhecimento da bacia e do externo/costelas,

4) Crânio/face,
5) Reconhecimento da coluna do outro,
6) Braços/mãos.

Neste estudo pessoal/corporal cada um vai tomar consciência das suas qualidades ósseas, estruturas mais profundas quanto à solidez, elasticidade, mobilidade de articulação.

O terapeuta pode trabalhar o renascimento de partes mortas, desvitalizadas por ser um corpo desconhecido; o desconhecido não tem limites, seria um ego sem limite. Vai mobilizar a energia vital mais profunda, a sensibilidade profunda.

Trabalhar aqui a consciência do mundo interior	• O que sente agora?
	• Quais as tensões musculares?
	• Que tipo de sensação: conforto ou desconforto?
	• Que dores o corpo sente?

O terapeuta deve nomear corretamente a parte enunciada.

O trabalho de pesquisa dos ossos pode ser feito sentado, encostado na parede só como apoio. Começar pelo pé.

Ex.: Primeiro passe a mão delicadamente no pé, sentindo o contato, a temperatura das mãos, do pé, depois massageando o trajeto do osso; começar pelas falanges dos artelhos, depois metatarsos, tarsos e calcâneo, tanto a parte de cima como a de baixo dos pés (trabalhar as 2 mãos juntas). Parar:

- • Estender pelas pernas,
- • Sentir se há diferença.
- • Repetir do outro lado.

Na outra sessão trabalhar os ossos da perna: tíbia, perônio.

Sempre um lado do corpo, depois o outro lado.

Se possível um faz no outro (em delinqüentes, esta etapa não é aconselhável).

Após o trabalho de estrutura óssea, o terapeuta deve propor acompanhar o grau de consciência que se atingiu.

Ex.:
- • Seja um observador de si mesmo.
- • Acompanhe o que lhe acontece neste momento.
- • Você está consciente dos ruídos fora do seu corpo?
- • Quais são estes ruídos?
- • E dentro do seu corpo? Há sensações? Identifique.
- • Alterne sua atenção interior para sensações do seu corpo e as sensações do seu corpo no espaço que você ocupa.
- • Procurar harmonizar as diferentes sensações.
- • Experimentar todas as estruturas ósseas do corpo, com as próprias mãos.

c) Reconhecimento de possibilidades tônicas:

Tônus é a atividade de um músculo em repouso aparente, é ele que regula a nossa postura corporal.

É o tônus também que controla e define nossas mutações expressivas de alegria, angústia, stress, depressão.
A regulação do tônus vai desde a hipertonia à hipotonia.
Trabalhar:
a) Reconhecimento do tônus (rígido, firme, mole),
b) Equilíbrio do tônus com dissolução de tensões parciais.

Material auxiliar:
* Bola de borracha nº 6
* Bola relaxable,
* Bola de squash,
* Bola de tênis,
* Hemi-bolas,
* Braceletes com chumbinho de pesca e tiras de velcro (várias larguras)

Modelo de bracelete:

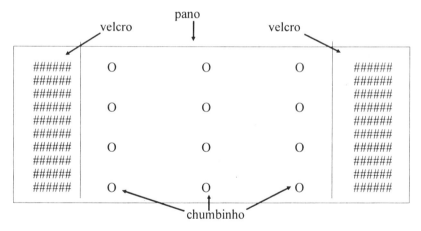

a) Reconhecimento do tônus:
Os braceletes com chumbinho podem ser usados no pulso, antebraço, braço, tornozelo. Reconhecer as diferenças.

b) Exemplo de equilíbrio de sensações corporais:

(Muito bom para pessoas com pouca sensibilidade corporal e adictos.)
— Deitado no chão,
— Ambiente de penumbra,
— Sentir o apoio do corpo no chão - tempo,
— Sentir o chão que apóia o corpo - tempo,
— Sentir as 2 pernas: tempo
   • *Se elas têm o mesmo comprimento?*
   • *A mesma textura?*
   • *O mesmo peso?*
— Modificar cada uma das necessidades com imagem mental, tomada de sensação, relaxamento.
— Sentir as nádegas, as costas: pesam igualmente no chão?
— E o tronco: os 2 lados do corpo têm a mesma textura e o mesmo peso?
— E os braços e as mãos, têm o mesmo comprimento e o mesmo peso?
— E os ombros, têm o mesmo peso? Que posição ocupam?
— E a face? A sensação é desagradável ou agradável?
— Qual o ponto do corpo onde a sensação é desagradável?
— Dirigir atenção interna: aliviar a sensação pela distribuição desta sensação por todo o corpo.

Trabalhar sempre:
— temperatura: frio / quente
— textura
— peso

Tipos de relaxamento:
— ativo,
— passivo, induzido,
— automassagens.

Bola de borracha nº 6:
SUGESTÕES:
Massagens do sacro a nível cervical da coluna e cabeça.
Posição de partida: de pé, de costas para a parede, braços ao longo do corpo.
— Fazer pequenos movimentos laterais com a bacia, massageando a bola no sentido horizontal.
— Depois com uma flexão e extensão do joelho a bola rola no sentido vertical (pode apanhar com a mão, depois que fez algumas vezes neste ponto. Colocar a bola um pouco mais acima. Repetir.
— Manter respiração sem bloqueios
— Massagear a bola, lateralmente no pescoço.
— Ao final tirar a bola, encostar-se na parede e sentir a diferença.

Proposta de trabalho corporal em Ramain-Thiers

Bola de squash:
a) Para trabalhar deitado no chão, colocando a bola entre a coluna e a omoplata, para relaxar as costas. Colocar no sacro para relaxar esta região.
b) Para relaxar as costas.

Ex.: Posição de partida: Deitado de lado, posição fetal.

— Colocar a bola de squash sob o feixe muscular da coxa, ao nível do joelho. Deixar o peso da coxa apoiar sobre a bola. Criar a imagem mental de uma pedra no lago, a sensação da dor se dissolvendo.

— Quando a dor passar, deslocar a bola um pouco mais acima, até chegar a coxo-femural. Aliviar a dor com auxílio da expiração.

Bola de tênis:
Serve para massagear a sola do pé, para preparar o corpo para o trabalho corporal. Serve para promover diferenças junto com a relaxable, apertando nas mãos e soltando.

d) Práticas posturais
O item **d** está explicado no capítulo III, item 1.

e) Relação de contato x relação de limite
Trabalho de contato do corpo com o chão, quer deitado ou de pé. Ele é sempre sustentado, apoiado.

Se num primeiro momento for difícil para as pessoas se deitarem para sentir as partes do corpo que tocam o chão, o trabalho deve ser feito contra a parede, onde o limite corporal externo, o limite interno e o limite espacial vão ser mobilizados.

No mínimo, deve haver o apoio de mão na parede.
* sentir o peso do corpo,
* sentir o peso do braço,
* sentir a respiração.

Exemplos:

1 - Posição de partida:
Em pé:
* Braços ao logo do corpo.
* Sentir que partes tocam o chão (pés).
* Sentir se eles estão apoiados completamente no chão ou só em alguns pontos.
* Sentir o peso do corpo sobre eles.
* Sentir a consistência deles.
* Sentir a consistência do chão que o sustenta.

2 - Posição de partida:
* Afastar uns 20 cm os pés da parede. Pés unidos com uma distância de 1 a 2 dedos um do outro.

- Flexionar joelhos o suficiente para que as costas encostem na parede totalmente. Palma da mão voltada para a parede.
- Sentir:
    - *a respiração,*
    - *a firmeza da parede,*
    - *se é fria, neutra ou quente,*
    - *o apoio dos pés no chão,*
    - *as partes que tocam a parede,*
    - *o que aconteceu com o corpo?*

3 - Posição de partida:
- Encostado na parede (igual a anterior),
- Ir abrindo os 2 braços até a vertical sem encostá-los da parede (se o funcional do corpo não permitir, propor que pelo menos as mãos e os dedos não percam o contato com a parede). Respirar. Sentir o peso dos braços. Abaixar.
- Pode ser feito primeiro com um dos braços. Abaixar, sentir diferenças.
- Fazer com o outro braço.
- Fazer com os dois braços ao mesmo tempo.

4 - Mesma posição de partida:
- Ir enrolando a coluna, começando pela cervical, vértebra por vértebra até o cóccix, deixando as nádegas tocando a parede. Voltar desenrolando. A cabeça é a última a desenrolar.

5 - Posição de partida:
- Encostado na parede de costas.
- Uma das mãos segura uma bola, que deverá passar para a outra rolando pela parede até chegar o braço na vertical, quando a outra mão desce rolando a bola. Fazer a volta.

6 - Posição de partida:
- Voltados para a parede:

- Fazer movimentar os membros superiores:
    - Abrir os braços e abaixar (horizontal),
    - Levá-los à vertical e abaixar,
    - Fazer variações de ângulos.

7 - Posição de partida:
- De lado contra a parede, pés encostados no rodapé, outro pé afastado 30 cm.
- Braço de lado encostado na parede, mão e palma tocando a parede.

Proposta de trabalho corporal em Ramain-Thiers

Proposta:
- Na expiração, elevar o braço até a vertical e forçar a que o corpo encoste na parede.
- Ao descer, o corpo desencosta da parede. Perguntar se sentem diferenças.

8 - Posição de partida:
- Sentado no chão. Costas na parede. Encostar as nádegas também (braços ao longo do corpo).

Proposta:
- Respiração a nível sacro. Conscientizar esta região enquanto inspira, mantendo o abdômen contraído.
- Sentir expansão e distensão para a região costal superior ou toráxica.

9 - Posição de partida:
- Deitado.

Proposta:
- Deitar um pouco afastado da parede. Apoiar a sola dos pés na parede, de maneira que forme um ângulo de 90° (quadril-coxa / coxa-perna), braços ao longo do corpo.
- Sentir o apoio das costas no chão.
- Sentir o seu peso.
- A mesma massagem já feita com a relaxable.
- Na expiração, pressionar os pés na parede. Alternar com 2 ou 3 respirações naturais. Parar.
- Esticar as pernas e sentir.
- Colocar duas plaquetas ou hemi-bola sob a cabeça.
- Massagear bem devagar de um lado para outro, para baixo e para cima. Fazer várias vezes. Sentir a diferença.

f) Relação de contato e sensação interno/externo:

Material:
- edredon,
- toalha de banho ou colcha de casal,
- gaze,
- papel kraft.

Vivência de aconchego:

1 - Enrolar o edredon. Ficar no interior, sentir o contato. Ficar bem quieto.
- É bom?
- É mau?
- Viver o aconchego.

- Desfazer.

2 - Em dupla: Papel kraft e contorno do corpo com hidrocor.

- Deitar no chão sobre o papel. O outro contorna.
- Cada um enche o contorno do seu corpo de forma criativa com materiais diversos.

3 - Gaze, papel higiênico:

- Enrolar partes do corpo:

$$\begin{cases} \text{mão D} & \longrightarrow \text{mais frouxo} \\ \text{mão E} & \longrightarrow \text{mais apertado} \end{cases}$$

$$\begin{cases} \text{braço D} & \longrightarrow \text{mais apertado} \\ \text{braço E} & \longrightarrow \text{mais frouxo} \end{cases}$$

- Experimentar as diferenças.

Ver foto nº 4 — Bolas e hemi-bolas (bolas de borracha, silicone, squash e hemi-bolas), no final do livro.

Ver foto nº 5 — Material intermediário para trabalho corporal (cordas, bambu, plaquetas e saco de areia), no final do livro.

4 - PROPOSTAS DE TRABALHO CORPORAL PARA ADOLESCENTES E ADULTOS

Solange Thiers

Elaine Thiers

Elisabete C. Mancebo

Jussara Teixeira Orlando

Maria Cristina Fachini

As diferentes sessões aqui apresentadas são apenas uma amostragem de possibilidades.

O mais importante é a criação de cada terapeuta frente à necessidade dos seus grupos.

Procuramos manter a forma de cada um apresentar a proposta para mostrar que a individualidade deve ser respeitada. Não há uma forma padronizada.

1 - Tônica da sessão: CONSCIENTIZAÇÃO

- Em pé, entrar em contato com as sensações do seu corpo. Formar duas filas uma ao lado da outra: ouvir a cadência OO produzida por palmas e tambor.
O 1º par repete a cadência batendo os pés no chão. Parados na 2ª vez começar a andar marcando a cadência, indo uma pessoa para um lado e a outra para o lado oposto. O 2º par repete a cadência parado, quando o 1º par sai andando e, assim por diante, até as pessoas chegarem ao seu ponto de partida, descrevendo assim um trajeto circular.

- Andar batendo palmas, uma vez para frente, outra para trás, até estarem batendo todos juntos. Quando estiver igual, parar.
Recomeçar a andar batendo no 3º passo uma palma na frente do corpo e no 5º passo, uma palma atrás. Parar. Bater no 2º passo 3 palmas na frente e no 5º passo 2 palmas atrás. Parar.

- Passar o peso para uma das pernas, fazer a báscula de quadril e dobrar a outra perna. Fazer movimento de abertura e rotação com a coxa, sentindo bem a articulação coxa quadril. Parar. Repetir com o outro lado. Sentir o corpo todo e as partes que foram solicitadas no movimento.

- Fazer uma báscula de quadril; para isso, flexionar ligeiramente os joelhos, pés paralelos.
  - *Sentir a respiração sem interferir no seu ritmo.*

128

Sociopsicomotricidade Ramain-Thiers

- *Em cada expiração fazer uma contração do períneo posterior. Manter maxilar solto. Parar*
- *Fazer uma* contração com o períneo anterior. Parar.
- *Associar as duas contrações:* 1º a posterior, depois a anterior. Soltar anterior e posterior. Relaxar.

- Sentar sobre o bambu apoiando sobre os ísquios; senti-los, sentir o espaço entre eles. Maxilar solto.
  - *Trabalhar o períneo como na proposta anterior.*
  - *Tirar o bambu, experimentar essas contrações, se há diferenças.*

- Deitar, sentir o corpo todo, as partes que estão tocando o chão, sentir a força da gravidade atuando sobre o corpo.
  - *Dobrar o joelho, colocar uma hemi-bola no sentido transversal sob a região do sacro*
  - *Repetir a proposta anterior nesta posição.*
  - *Sempre aumentando a contração durante a expiração. Parar. Tirar a bola. Experimentar as contrações, se há diferenças. Relaxar.*

2 - Tônica da sessão: SENSIBILIZAÇÃO (Tema musical)

Material: Gravador, tema musical e esponja com duas espessuras.
- Andar pela sala, devagar, sentindo o contato dos pés com o chão.
  Dirija sua atenção ao seu corpo e ao seu caminhar, percebendo como você coloca seus pés no chão.
- Sentir de que maneira você carrega o peso do seu corpo, neste caminhar, parando após esta constatação.
- Apanhar uma esponja e, caminhando, perceber no seu corpo os contrastes da parte áspera e macia do material.
- Parados, procurar com o olhar uma pessoa para formar uma dupla.
- Sentados no chão, vocês irão viver um trabalho de dar e receber, onde cada um passará no corpo do outro os dois lados da esponja.
- Levantar deixando as esponjas espalhadas pelo chão e caminhar pela sala explorando o contato dos pés, ora nas esponjas, ora no chão, procurando pisar com diferentes pressões (leve, pesado, normal).
- Recolher o material e voltar aos seus lugares.

Proposta de trabalho corporal em Ramain-Thiers

3 - Tônica da sessão: 1º Momento: "EU COMIGO" (Tema musical)

Material: gravador, tema musical, bola.

• Andar livremente pela sala, soltando os membros do corpo. Quando estiverem bem relaxados, observar a respiração, procurando inspirar enchendo bem os pulmões e expirar bem devagar, procurando soltar todo o ar. Sintam as batidas do coração, sincronizando o movimento do seu corpo com as batidas.

• Agora parem, peguem uma bola e relacionem-se com ela livremente.

• Apertem a bola com bastante força, liberando toda aagressividade.

• Coloquem a bola junto à região genital, na altura do joelho, depois na panturrilha da perna e por último no tornozelo.

• Cada um pense e reflita qual a parte do corpo está mais contraída.

2º Momento: "EU COM O AMBIENTE"

Material: lixas, colchete, folha de alumínio, tapete, cerâmica, plástico, papel amassado

• Andar pela sala sentindo com as mãos tudo que há no ambiente (móveis, paredes, chão).

• Cada um vai pegar o material que está no canto da sala e espalhar em vários pontos para que pisem alternadamente, passando por todos e sentindo a diferença entre pisar em um objeto e pisar no chão.

• Guardar.

3º Momento: "O OUTRO X TROCAS COM O OUTRO"

Material: canudos, esponjas com duas espessuras, lixa, bolinhas de algodão, alfinetes coloridos, gravador com música bem suave.

• Fazer um círculo, sentar no chão com as pernas cruzadas, tentando sentir ao máximo as sensações corporais, observando as pessoas à sua volta.

• Escolher uma pessoa e formar uma dupla. Cada pessoa vai pegar um canudo, sentar de frente para so outro e, com movimentos lentos, acompanhando o ritmo da música, soprar no rosto e em partes do corpo descobertas do outro. À medida que forem terminando, trocar.

130   Sociopsicomotricidade Ramain-Thiers

• Guardar os canudos e pegar uma esponja. Sentar e explorar o material, ainda em dupla, um de frente para o outro. Agora uma pessoa pega as duas esponjas e vai acariciando a outra, de um lado usando a parte grossa e do outro a parte macia, com movimentos leves, acompanhando o ritmo da música. Cada qual termina a seu tempo. Trocar.

• À medida que forem terminando, guardar as esponjas, sentar e formar um grande círculo. Levantar, andar em movimentos bem lentos, sentindo a respiração, os movimentos do corpo e observar as pessoas do grupo. À medida que os olhares forem se encontrando, escolher duas pessoas para formarem um trio. Cada um vai pegar um material (algodão, lixa, alfinete), sentar em pequenos círculos e, usando o material, acariciar o outro; à medida que você acaricia, irá receber também carícias do outro. Os objetos devem ser trocados. Os movimento devem ser bem lentos, seguindo o ritmo da música. Assim que acabar, deitar no chão e observar como está se sentindo. Cada um a seu tempo pode se levantar. Guardar o material e retornar aos seus lugares.

4- Tônica da sessão: CONFIANÇA (Tema musical)

Material: gravador, tema musical.
• Ouvir a música, começar a caminhar, fazendo a mudança dos passos conforme o ritmo.
• Procure no grupo uma pessoa para viver um trabalho de confiança, formando duplas
• Dar as mãos, inclinar o corpo para trás e girar no sentido horário e anti-horário. Parar ao seu tempo de mãos dadas. Trocar.
• Cada um deve conduzir a caminhada do outro, de tal forma que a pessoa caminhe de costas. Parar ao seu tempo e trocar.
• O grupo subdividir-se-á em quartetos, cada 3 pessoas formarão uma cadeira com encosto e carregarão o outro. Todos devem passar pelo momento de ser carregado.
• À medida que vão terminando o movimento, voltar à formação do grande círculo, de mãos dadas; juntas farão o movimento de inclinar o corpo para trás e para frente, apoiando-se mutuamente.
• Desfazer o círculo e voltar aos seus lugares.

5 - Tônica da sessão: ALONGAMENTO (Tema musical)

Material gravador, tema musical, bola pequena.
• Caminhe pela sala e pegue uma bola.
• Em pé, procure um espaço na parede. Prenda a bola e massageie as costas do cóccix até o pescoço, deslocando a bola a cada momento.
• Parados com os pés ligeiramente afastados. Respire profundamente. Observe o eixo do seu corpo. Olhe para frente e posicione sua cabeça, pescoço, ombros e encaixe a bacia.
• Curve o corpo para frente, abaixando-se lentamente até as mãos tocarem os pés; flexio-

Proposta de trabalho corporal em Ramain-Thiers 131

nando os joelhos, coloque as mãos no chão e leve-as para frente. Volte, observando o movimento da coluna, reempilhando vértebra por vértebra, lentamente.

* Pés afastados, braços abertos na horizontal, balance o corpo para direita e para esquerda.
* Braços estendidos para cima, faça o mesmo movimento.
* Centralize o eixo do seu corpo e imagine seu pescoço se alongando, com ombros parados. Sentado no chão, pernas esticadas, colocar a bola debaixo da coxa, massageando toda a parte posterior da perna, até chegar ao calcanhar. Repetir com o outro lado.
* Colocar a bola sob o pé, continuando a massagem. Trocar.
* Massagear o pé com as mãos, procurando sentir as partes que estão tensas e através da massagem buscar um relaxamento.
* Levantar e dirigir-se ao centro da sala, com os braços esticados para cima, as palmas das mãos voltadas para o teto; caminhe pela sala tocando as mãos dos colegas (sem flexionar os braços).
* Círculo com todos do grupo abraçados, com os braços nos ombros dos outros (crie um movimento para o grupo sem verbalizar).
* Guardar as bolas e retornar aos seus lugares.

6-Tônica da sessão: ENTRELAÇAMENTO (Tema musical)

Material: gravador, tema musical.
* Sentar no chão, ouvir a música.
* Começar a mover o tronco e os braços se embalando com a música, passar da posição **sentada** ao **engatinhando**, engatinhar no espaço da sala.
* Levantar-se e procurar uma pessoa para trabalhar em dupla: dar forma ao corpo do outro, com muito carinho. **Desfazer esta forma conseguida e permitir-se ser modelado**. Mexer desde a cabeça até os pés.
* Andar livremente.
* Formar dois círculos concêntricos (de costas para o outro). Dar as mãos, girar para um lado, girar para outro lado. O grupo de fora vai formar uma sustentação, entrelaçando os braços, para dar sustentação e aconchego ao grupo de dentro, que se apóia no externo e os dois giram para o mesmo lado. Trocar.
* Desfazer os círculos: caminhar entrelaçando os dedos, os braços em torno do próprio corpo, passando as mãos no corpo, desde a cabeça até os pés. Retirar o tema musical.
* Voltar a fazer um grupo só, dando as mãos entrelaçadas, sentindo a mão do outro
    * *temperatura*
    * *tônus*
* Emitir o som de uma vogal.
* Depois de um tempo, o grupo deve procurar movimentos harmônicos com os braços, com o corpo, com um som único de vogal (comunicação não-verbal).

7 - Tônica da sessão: RELACIONAMENTO CONSIGO E COM O OUTRO

Material: bola relaxable ou bolinha de algodão.
* Sentir o corpo como um todo.
* Sentir o eixo mediano imaginário que percorre o corpo a partir do centro da cabeça.
* Estirar a cabeça para o alto, alongando a coluna.
* Abrir a boca, estirar a língua bem para fora, contraída, ao mesmo tempo que contrai a região do períneo. Alternar este movimento ora a língua contraída, ora o períneo contraído.
* Apanhar uma bola relaxable e sentar no chão em duplas, um só de costas para o outro.
* Passar a bola só nas costas do outro, da cintura até a cabeça. Massagear também o couro cabeludo. Trocar. Deixar a bola.
* Formar nova dupla: um senta no chão e outro deita, com a cabeça apoiada na perna do outro. Pernas dobradas com pés apoiados no chão.
* Cada um vai acariciar o rosto do outro com a bola relaxable ou algodão, começando pela testa, em torno dos olhos, entre os olhos, bochechas, em torno dos lábios, queixos, orelhas, couro cabeludo.
* Trocar de posição.
* Levantar-se, caminhando. Guardar as bolas.

8 - Tônica da sessão: IMAGINAÇÃO (Tema musical)

Material: gravador, tema musical.
* Nesta proposta vocês vão imaginar que estão fazendo um passeio em um bosque. Nesse bosque tem uma seqüência de lugares e obstáculos a serem contornados e ultrapassados, usando movimentos de membros superiores, membros inferiores e cabeça.
* Vocês vão caminhar nesse bosque, procurando perceber a paisagem ao redor.
* Neste momento, você se depara com uma grande árvore frondosa. Observe esta árvore, sinta a textura e temperatura do tronco e das folhas. Fique um pouco junto desta árvore e depois prossiga a sua caminhada.
* Ouça o barulho da água de um riacho e dirija-se na direção deste som.
* Ao chegar neste local, você percebe que este riacho deságua numa cachoeira. Procure ouvir o som da queda das águas, brincando com as mãos nesta água. Se tiver vontade, molhe-se.
* Enquanto brinca nas águas, você percebe que perto de você está uma ponte, e resolve atravessá-la.
* Do outro lado você encontra um lindo jardim, com diversas flores, pássaros cantando, borboletas voando.
* Procure se relacionar com o ambiente, sentindo paz e harmonia.
* Aos poucos vá se despedindo das flores, dos pássaros, das borboletas, desse lugar.

Proposta de trabalho corporal em Ramain-Thiers 133

- Comece o seu retorno procurando uma saída do bosque, voltando ao seu lugar inicial.

9 - Tônica da sessão: BOLA DE ENCHER

Material: balões

- Andar pela sala, sentindo o ar entrando nos pulmões.
- Cada um deverá caminhar, procurando um balão que estará escondido no ambiente.
- No momento em que todos estiverem de posse de um balão, deverão acomodar-se inspirando; na expiração, encher o seu balão.
- Cada um vai encher o seu balão e, sem amarrá-lo, soltar alto e seguir sua trajetória. (O mesmo movimento pelo chão.)
- Cada um deverá apanhar um pedaço de elástico e amarrar o seu balão cheio, brincando à vontade com ele (dar um tempo ao grupo e sugerir que explore em si forma, densidade, sensação).
- O grande grupo deverá se organizar por tamanho (mais cheio, mais vazio), ordenando os balões.
- Cada um deverá procurar o outro elemento do grupo que tem o balão da mesma cor do seu e brincar trocando os balões com toques leves.
- Repetir o movimento com alguém que tenha a cor diferente do seu balão.
- Cada um deverá apanhar um balão e escolher um colega para rolar o mesmo pelas partes mais expostas do corpo.
- Cada dupla a seu tempo trocará de posição.
- Os balões deverão ser esvaziados e enchidos de água.
- Cada um deverá a seu tempo entrar em contato com o seu balão, percebendo-o no seu corpo.
- Escolher um colega do grupo e deixar que passe o balão pelas partes do seu corpo que estiverem descobertas.
- Cada dupla inverterá a seu tempo o "rolar" com balão pelo corpo.
- Cada um deverá deixar o conteúdo do seu balão (água) sair, rompendo o balão e jogando-o no chão.
  Obs.: Se preferir, jogue a água na pia.

10 - Tônica da sessão: DESCOBERTA DE SENSAÇÕES ATRAVÉS DO PAPEL CELOFANE (Tema musical)

Material: gravador, tema musical, papéis celofane inteiros (cores diversas), papéis celofane aos pares (retângulos de 10 cm x 25 cm, os pares devem ter a mesma cor).

- Caminhar alongando o corpo ao máximo, ouvindo o tema musical. Soltar o corpo como um todo. Repetir algumas vezes.
- Caminhar contorcendo o corpo e deixando-o soltar-se.

- Cada um apanha 2 retângulos de papel celofane. Caminhar sacudindo os retângulos no ar, buscando sons diferentes.
- Acariciar o próprio corpo com celofane.
- Colocar os celofanes no chão e os pés sobre os celofanes. Deslizar com os pés por todo o espaço ao som da música. Procurar cada vez maior velocidade no deslizar dos pés. Explorar durante um tempo este trabalho.
- **Em trios**: Cada um apanha uma folha de cor diferente de papel celofane.
  - *Sacudir o papel.*
  - *Descobrir movimentos que podem ser feitos a partir dos papéis*
- Reunir todos os trios em círculo: cada trio escolhe um movimento seu que pode ser feito pelo grupão. Os demais repetem, até que todos tenham vivido a proposta.
- Ao final, todos, em círculo, sacodem as folhas de papel, jogam para o alto, deixam cair (repetem algumas vezes).
- Dispersar.

11 - Tônica da sessão: CORDAS (Tema musical)

Material: gravador, tema musical, cordas.
- Andar pela sala, ao som da música, explorando todos os espaços e, ao seu tempo, parar.
- Pegar uma corda, sentir a textura, temperatura, comprimento e cheiro da corda.
- Explorar os sons que a corda pode fazer.
- Continuar explorando esses sons na inter-relação da corda com os objetos do ambiente. Segurar a corda com as duas mãos; passe pelo corpo, sentindo os limites desse relacionamento.
- Procurar alguém para formar uma dupla e buscar diferentes formas de entrelaçamento com o material.
- Cada dupla deve procurar uma outra dupla para formar um quarteto e buscar novas formas de entrelaçamento no subgrupo.
- Os subgrupos devem se agrupar, sempre procurando formas de entrelaçar diferentes, até que o grupão possa se encontrar.
- No grupão, com as cordas em elos que se entrelacem, formar um círculo.
- Acompanhando a música, fazer movimentos lentamente, procurando amplitude e crescimento.
- Aos poucos, soltar cada elo de entrelaçamento, até que cada um fique com a sua corda original.
- Colocar as cordas no chão, fazendo um circuito; cada um caminhe em cima das cordas, sentindo o contato dos pés com o material.
- Percorrer todo o trajeto, pelo menos uma vez.
- Ao final, desfazer o circuito e guardar a sua própria corda.

BIBLIOGRAFIA

ALEXANDER, G. *Eutonia - Um caminho para percepção corporal*, São Paulo, Martins Fontes, 1983.

ANZIEU, D. *O Eu pele*, São Paulo, Casa do Psicólogo, 1988.

AUCOUTURIER, De EMPINET. *A prática psicomotora - Reeducação e terapia*, Porto Alegre, Artes Médicas, 1986.

BARENBLITT, G. *Grupos, teorias e técnicas*, Rio de Janeiro, Graal-Ibrapsi 1982.

BERGE, I. *Viver o seu corpo*, São Paulo, Martins Fontes, 1988.

BERGERET, J. *Personalidade, normal e patológica*, Porto Alegre, Artes Médicas, 1981.

BERTHERAT, T. *O correio do corpo*, São Paulo, Martins Fontes, 1981.

BEZIERS, M. e PIRIT *A coordenação motora - Aspecto mecânico da organização psicomotora do homem*, São Paulo, Summus, 1992.

BLEICHMAR, H. *Narcisismo*, Porto Alegre, Artes Médicas.

CABAS, A. *Curso e discurso da obra de Jacques Lacan*, São Paulo, Moraes, 1982.

CAPON, J. *Desenvolvimento da percepção motora*, vols. 1, 2, 3, 4, São Paulo, Manole, 1991

COSTE J. C. *A psicomotricidade*, Rio de Janeiro, Zahar, 1988.

FELDENKRAIS. M. *Vida e movimento*, São Paulo, Summus, 1988.

GUILLARME, J. J.*Educação e reeducação psicomotora*, Porto Alegre, Artes Médicas, 1983.

LAPIERRE e AUCOUTURIER *Los matices*, Barcelona, Cientifico-Medica, 1974.

_____ *Simbologia del movimento*, Barcelona, Cientifico-Medica, 1977.

_____ *Los contrastes*, Barcelona, Cientifico-Medica, 1974.

_____ *Associaciones de contrastes, estruturas y ritmos*, Barcelona, Cientifico-Medica,

1977.

LE BOULCH, J. *Educação pelo movimento*, Porto Alegre, Artes Médicas, 1983.

LE CAMUS, J. *O Corpo em discussão - da reeducação psicomotora às terapias de mediação corporal*, Porto Alegre, Artes Médicas, 1986.

LECLAIRE, S. *O corpo e a letra*, São Paulo, Martins Fontes, 1989.

RAMAIN, S. *La educación de la atención*, Montevidéu, Boletim Cinterfor, abr/mar/1972 (20): 7-14

REICH, W. *Análise do caráter*, Rio de Janeiro, Tempo Brasileiro, 1975.

SCHILDER, P. *A imagem do corpo*, São Paulo, Martins Fontes, 1981.

SIVADON, P. e ZOLLA, F. *Corpo e terapêutica - uma psicopatologia do corpo*, Campinas, Papirus, 1988.

SOUBIRAN, G. e MAZO *La reeducación psicomotriz y los problemas escolares*, Barcelona, Medica y Tecnica, 1980.

SOUZENELLE, A. *O simbologismo do corpo humano*, São Paulo, Pensamento, 1984.

SPITZ, R. *O Primeiro ano de vida*, São Paulo, Martins Fontes, 1983.

THIERS, S. *Sugestões de movimentos para o Dossier F*, Rio de Janeiro, Coordenação Ramain do Brasil, 1974, apostila.

CAPÍTULO IV

Materiais Intermediários —
Significado Emocional de Vivência

1. Materiais para Trabalho Corporal
2. Materiais Intermediários para Trabalho Corporal
3. Aromas e Óleos

1 - MATERIAIS PARA TRABALHO CORPORAL

Solange Thiers

01- Algodão, lixa, alfinetes de mapa, esponjas (de espessuras diferentes),
02 - Alimentos,
03 - Aromas diversos (óleos perfumados),
04 - Bambolês,
05 - Bambus (1/2 bambu) - 50 cm,
06 - Bastões de madeira (tipo cabo de vassoura) com 80 cm,
07 - Bastões de metal,
08 - Bolas de borracha grandes e pequenas,
09 - Bolas de silicone pequenas,
10 - Bolas de squash,
11 - Bolas de espuma, tipo relaxable,
12 - Caixas de papelão bem grandes,
13 - Cordas de sisal, de nylon, de algodão,
14 - Folhas secas e naturais, flores,
15 - Gravador / toca fita,
16 - Hemi-bolas (grandes e pequenas),
17 - Jornais, papel Kraft,
18 - Ladrilhos ou lajotas de cerâmica,
19 - Lenços de tecido, tecidos diversos e filó,
20 - Novelos de linha de crochê, fitas de cetim de diferentes larguras,
21 - Papel celofane, papel de seda, papel crepom, cartolina,
22 - Papel de bala colorido, papel higiênico,
23 - Plaquetas de espuma rígida (20 cm x 15 cm),
24 - Saquinhos de areia (1 kg),
25 - Saquinhos de arroz (1 kg),
26 - Tema musical.

2. MATERIAIS INTERMEDIÁRIOS PARA TRABALHO CORPORAL

Solange Thiers

CORDA

Tamanho médio:

- 60 cm para criança - cordas finas,
- 150 cm para criança - cordas mais grossas,
- 210 cm para adultos - cordas grossas,
- 150 cm para adultos - cordas finas.

Pode ser de sisal, algodão e nylon, em tamanhos variados.

As vivências com cordas podem ser de enlaçar, enrolar, prender, conduzir o outro, que podem mobilizar fantasias agressivas de origem sadomasoquista.

A corda pode sugerir vivências das fases oral, anal ou fálica, dependendo do tipo de proposta. Muitas vezes traz lembranças muito arcaicas porque representa o cordão umbilical. É a memória corporal que se faz suscitada e surgem sensações de falta de ar, como se indivíduo estivesse asfixiado, isto pela revivência do cordão umbilical em torno do pescoço, no trauma do nascimento. Outras vezes, a corda é o objeto intermediário para suscitar fantasias da fase anal, vividas como chicote no ar, nas paredes, liberando agressividade.

Quando a corda é amarrada aos pés de duas pessoas para caminharem juntas, pode suscitar emoções desagradáveis de aprisionamento, submissão, ou facilitar o equilíbrio nas inter-relações.

As cordas maiores também podem oferecer interessantes vivências de entrelaçamentos e coesão grupal, onde os sentimentos que emergem são de união, fraternidade. Raríssimas vezes, neste tipo de vivência, as pessoas sentem-se presas, até porque este tipo de proposta é dada num momento grupal oportuno.

Em momento algum no *setting* permite-se a agressão ao corpo do outro. Isto exige a entrada da Lei, o terapeuta intervém de forma interpretativa, não coercitiva.

Propostas:

Quando estiver fazendo propostas com a corda, é importante explorar as diferentes formas de caminhar e as diferentes possibilidades do material, para a tomada da sensibilidade a nível dos pés

CORDA NO CHÃO

- Caminhar sobre as cordas;
- Caminhar entre as cordas sem tocá-las;
- Caminhar sobre a corda com passos miúdos, passos largos, para frente, para trás,

de frente, de costas;

- Caminhar sobre a corda, de lado, até o fim da corda, voltar;
- Ficar estático sobre a corda. Abaixar o corpo, de cócoras, voltar e estender as mãos para frente, bater palmas;
- Andar de cócoras sobre a corda, podendo ajudar com a mão no chão. Fazer este movimento ora bem lento e ora rápido (as cordas entre os pés);
- Engatinhar entre duas cordas dispostas no chão;
- Saltitar em zigue-zague entre duas cordas;
- Pular só com o pé direito entre as duas cordas bem próximas;
- Pular só com o pé esquerdo entre as duas cordas bem próximas;
- Fazer um círculo com a corda no chão:
  - *entrar neste círculo e experimentar encolher-se no círculo, espalhar-se no círculo, sem sair do círculo*
  - *caminhar sobre a corda e sair do espaço delimitado,*
  - *entrar e sair do círculo,*
  - *pular dentro e fora do círculo*
- Explorar formas geométricas, dispondo as cordas no chão em forma de triângulos, quadrados; propor ficar em cada ângulo, quando a corda muda de direção ou vértice;
- Percorrer o espaço interno de forma concêntrica;
- Trabalhar fonemas homorgânicos:

l p l x	l b l	(pê) x	(bê)
l t l x	l d l	(tê) x	(dê)
l c l x	l g l	(quê) x	(guê)
l j l x	l ch l	(jê) x	(chê)
l f l x	l v l	(fê) x	(vê)
l s l x	l z l	(sê) x	(zê)

- Caminhar sobre o fonema feito em corda emitindo o som correspondente; sempre trabalhar os dois fonemas homorgânicos juntos. Andar equilibrado sobre a corda;
- Andar batendo as cordas no ar, batendo nas mesas e cadeiras;
- Pular com um pé só enquanto bate a corda;
- Segurar a corda com uma das mãos e girar a corda sobre o alto da cabeça, para a direita, para a esquerda;
- Fazer uma espiral com a corda em torno do corpo, ajudando com as duas mãos. Começar no alto da cabeça;

- **Em dupla:** Amarrar a corda nos tornozelos: caminhar no espaço da sala, procurando uma forma equilibrada para a dupla;
  Em duplas, frente a frente, ligados entre si pelas cordas;

Materiais intermediários 143

Movimentar-se em dupla pela sala;
Procurar movimentar os braços e cordas, acompanhando o tema musical;
Procurar a corda, pouco a pouco até ficar uma distância mínima entre os corpos, soltar pouco a pouco até atingir a distância máxima entre os corpos, sem soltar a corda;
Com as cordas afastadas, porém ligadas, guiar o corpo para ficar costas x costas, frente x costas, deslocando-se pela sala;

• **Trabalho de grupo**: Realizar círculos concêntricos, interligando-se com as cordas; Amarrar a corda em uma cadeira. Enrolar-se e desenrolar-se na corda. Criar sons para cada tipo de movimento;
Utilizar a corda esticada como bastão, criar movimentos grupais com sonorização;
Liberar agressividade com a corda nas mesas e cadeiras, batendo com força.
Cabe à criatividade do terapeuta enunciar propostas adequadas ao momento emocional de seu grupo e à faixa etária.

BAMBOLÊS - ARCOS

O objetivo é oferecer experiências diversas que desenvolvam uma condição melhor de autoconfiança no plano da ação.
Emocionalmente, suscita a emergência de lembranças encobridoras arcaicas vinculadas a questões de nascimento. Este tipo de lembrança não chega ao nível do verbal, fica a sensação no corpo como referência.
O bambolê também favorece vivências de entrada e saída, do estar dentro, estar fora, além de oferecer uma situação lúdica. Efetivamente, pela forma do círculo referencia-se também a totalidade, completude macho-fêmea, fantasias originárias.

Material
O terapeuta pode confeccionar o bambolê — arco com um tubo plástico de 2,40m por 20 mm de diâmetro, aproximadamente.
Unir as duas pontas do arco com pedaço de madeira cilíndrico.
Pode ser decorado enrolando-se papel aluminizado, fitas coloridas ou tiras de tecidos, coladas com cola de contato.

Propostas:
• Colocar o arco na horizontal sobre o chão e explorá-lo com as mãos, sentado no chão, no meio do arco;
• No centro do arco, ficar de pé, equilibrar-se no pé direito, no pé esquerdo;
• Procurar equilíbrio do corpo ao centro do bambolê-arco:
  • *de pé - (tronco bem colocado),*
  • *de cócoras - (evitar tronco colocado para frente),*

- *de quatro - (costas paralelas ao chão),*
- *sentado-(costas retas).*

- **Obs.**: Em cada posição uma exigência postural.
- Pular no interior do arco com um pé. Contornar o arco com um pé, depois com o outro;
- Pular em zigue-zague, ora dentro, ora fora do arco;
- Procurar formas diferentes de pular: dentro para fora e fora para dentro;
- Pular de dentro do arco para fora com dois pés, o mais distante possível. Imobilizar na posição que cair;
- O mesmo de fora para dentro ;
- Segurar o arco com as duas mãos, de pé, e explorar os movimentos possíveis em deslocamentos;
- Segurar o arco com as duas mãos, em movimentos acima da cabeça;
- Segurar o arco na vertical e girar no ar:
  - *Enquanto ele gira, movimentar-se rapidamente em torno do arco, até ele cair no chão;*
  - *Quando ele estiver caindo no chão, entrar no espaço e sentar-se no meio, antes de ele se apoiar completamente;*
- Fazer o arco rolar pelo espaço. Ir para um ponto distante, esperar o arco;
- Experimentar fazer o arco girar em torno das partes do corpo (devagar - rápido):
  - *braços,*
  - *perna levantada*
  - *tronco,*
  - *joelho,*
  - *cintura etc...*

- **Em dupla**: Explorar possibilidades de movimento com o arco:
  - *conduzir o outro no interior do arco, pelo espaço,*
  - *permanecer os dois no arco, deslocando-se no espaço;*

- **Em grupo**: Cada um segura o seu arco em uma posição, em um grande círculo, de forma que cada um passe por todos os obstáculos colocados pelos outros. A travessia pode ser ora de pé, ora engatinhando;
Atirar arcos, cada pessoa com um bambolê. Segura um e joga o outro para o colega. O outro deve receber com o braço e jogar aquele que era o seu; Dispor os bambolês no plano horizontal. Criar uma forma de caminhar entre os bambolês, com um tipo de código pré-estabelecido;
Sentados no chão, segurar o arco colocando todos os arcos na vertical, formando

Materiais intermediários 145

um túnel. Passar dentro do túnel, um a um, deslizando o corpo para sair do túnel;
Criar mandalas com o entrelaçamento do bambolê:

- *girar no sentido horário,*
- *girar no sentido anti-horário.*

Criar propostas a partir do item anterior, incluindo sonorização de vogais diferenciadas para movimentos diferentes.

AS FITAS, OS FIOS etc...

O simbolismo da fita, dos fios em geral, aproxima-se do significado do nó, do laço.
O nó em fitas pode simbolizar o desabrochar, o agregar-se ou ainda a separação.

Os nós, simbolicamente, representam a união de duas ou mais pessoas, e o desfazer-se dos nós pode significar libertar-se de sentimentos e afeições. Algumas vezes suscita medos, bloqueios que estão retidos.

Tecer com fios, fitas, entrelaçá-los, atá-los, podem ter significados diversos dependendo da necessidade emocional do grupo de unir os fios e fitas de suas vidas, num processo de identificação no grupo, o que promove a coesão grupal. Desfazer um entrelaçamento em um grupo pode representar o encontro de sua própria individualidade.

Dispor-se através das fitas e fios em **espiral** pode evocar a evolução de um estado, geralmente uma forma aberta de lidar com as questões pertinentes ao grupo. Se um movimento circular parte de um ponto e simboliza continuidade, desenvolvimento, abertura, é um movimento de evolução. A involução se dá quando parte do exterior para o interior. O melhor é oferecer as duas situações para facilitar a integração.

A espiral com fitas, fios, pode ser feita também de forma oval, isto é, no ar, em torno do corpo; seu significado é o mesmo que a espiral plana, que simboliza desenvolvimento e mobilidade.

A espiral para alguns povos pode ter o significado de profundidade e fertilidade, e é usado em rituais tribais quando o grupo aspira viver, através das relações do movimento espiral, as questões cíclicas da evolução da vida. Simbolicamente, a espiral remete ao erotismo da genitália feminina.

As fitas, os fios, podem servir de mediadores de entrelaçamentos corporais, humanos. Representando muitas vezes a forma simbólica de reconstruir a unidade da célula narcísica, outras vezes na forma de oito deitado, representam o vínculo que une os indivíduos, membros de um corpo social.

Muitas vezes o grupo quer entrelaçar-se, para projetar, através de uma rede de inter-relações ativas, feitas através dos indivíduos, as suas necessidades a serem trabalhadas no plano verbal: questões grupais.

Propostas: para adolescentes e adultos

- Pegar um rolo de linha:
  a) Enrolar o corpo caminhando, desfazer este enlace, voltando a enrolar o novelo (ao som de um tema musical);
  b) Enrolar o próprio corpo de forma frouxa, deixar cair no chão os fios, desfazendo-se do enlace. Cortar com uma tesoura, jogar fora;

c) **Em dupla**: Enlaçar-se um no outro, procurando aproximar-se de um oito. Deslocar-se no espaço, ao som do tema musical. Desfazer o enlace, caminhar;

- **Em dupla:** Cada um com uma fita, formar duplas da mesma cor; Ligados pela fita, buscar movimentos corporais, ao som de um tema musical. Com uma fita na mão, caminhar procurando fazer uma grande fila, onde as cores diferentes não são subseqüentes. Aos poucos a fila transforma-se em uma grande espiral, busca um som do grupo e desfaz a espiral até voltar a ser uma fila. Repetir algumas vezes, soltar as fitas. Traçar no chão com as fitas uma grande estrela. Cada pessoa vai caminhar pelas fitas e procurar um lugar para ficar sobre a fita, de forma que se respeite com os corpos o desenho traçado pelas fitas. Dar as mãos. Caminhar de lado pela estrela, para não desfazer o contorno.

- **Em trio:** Pedaços de barbante de cores diferentes (1 m). Cada um pega um barbante e junta-se com outros dois que tenham um barbante de cor diferente, formando trios. Procurar formas de entrelaçar os fios;

- **Trabalho de grupo:** Formar duas fileiras frente a frente na distância aproximada de 1 metro e meio. Segurar a ponta de um novelo e jogar o novelo para o outro. Ao chegar na última pessoa, fazer o mesmo movimento de volta, enrolando a linha;

Depois de explorar bem o fio de barbante ou fita, formar um grande círculo, entrelaçar todos os fios entre si, amarrando-os e formando um tipo de tecelagem. Desfazer, guardar os fios;

Fitas coloridas aos pares: apanhar uma fita da cor escolhida e caminhar com ela soltando no ar;

Apanhar uma fita colorida e caminhar tirando som da fita, de diferentes formas, buscando um som único no grupo;

A primeira pessoa enlaça o fio na cintura e joga para a segunda, que enlaça e joga para a terceira, que enlaça até todo o grupo participar. A seguir, caminhar sem desfazer os espaços. Movimentar no espaço, como uma engrenagem, emitindo sons;

Desfazer os espaços a partir da última pessoa enlaçada, seguindo o circuito formado, até chegar à primeira pessoa.

BOLA

A bola representa a totalidade, as fantasias vinculadas à cena primária. A bola de borracha favorece uma relação que pode ser lúdica, quando bola jogada, e cria uma condição de inter-relação entre os membros do grupo. Também pode facilitar a regressão de um grupo e a quebra da defesa de racionalização, quando a tensão grupal a mantém no plano do desempenho.

A relação individual com a bola jogada pode também facilitar a introjeção de ritmos próprios, vivência de duração da bola no ar, velocidade, quicada no chão, o que vem favorecer o autoconhecimento. Algumas outras propostas como a bola jogada com força nas paredes e bola chutada vem como auxiliar, no *setting*, às vivências de liberação de agressividade,

Materiais intermediários 147

raiva contida.

A bola também pode ser usada como proposta de coesão grupal, quando, por exemplo, propõe-se que a bola seja quicada e atinja-se um único som do grupo em ação.

É relativamente comum colocar a bola sob a blusa, fazendo dela uma barriga de gravidez. Isto em criança vai revelar as questões vinculadas à fantasia da cena primária, da origem dos bebês, da inveja da barriga da mãe. Em adulto pode ter muitos significados, entre eles os mesmos infantis, ou seu desejo de ser mãe, viver a possibilidade de igualar-se à mãe, a solução do enigma falo = filho.

A bola também pode ser agente de relação do indivíduo consigo mesmo, quando por exemplo caminha-se mantendo com a bola relação de suavidade. Neste tipo de vivência são evocadas lembranças maternas, que tanto podem estar vinculadas à mãe parental, como a sua posição de mãe na família.

BOLA RELAXABLE

As bolas pequenas (tênis, silicone, squash) servem para um trabalho de base, isto é, com os pés ou ainda intermediário na massagem do corpo do outro.

Massagear a sola do pé na bola tem um sentido triplo. O primeiro a ser considerado é que, é do conhecimento geral, o pé representa todo um mapeamento corporal, de representação cortical. Massageando-se a sola do pé estamos facilitando a liberação da energia corporal circulante.

Outra questão que também fica trabalhada na massagem prolongada do pé é a liberação das tensões, favorecendo o melhor apoio do corpo ao solo, a melhor distribuição do peso do corpo igualmente sobre os dois pés, conseqüentemente a tomada de consciência do peso do corpo, a distribuição harmônica do contato com a terra, e a força da gravidade vinculados à estabilidade emocional.

Uma terceira questão é que a má postura dos pés no chão está vinculada emocionalmente à questões de base: segurança, movimento de fuga bloqueado pelo racional, pelas exigências, enraizamento, questões arcaicas, e a massagem do pé com a bola facilita o reencontrar-se com suas próprias bases, o ganho corporal que dissolve tensões, cria possibilidades.

As bolas tipo relaxable servem, por sua textura muito macia, a vivências de oralidade. As crianças querem morder a bola e o fazem revivendo a fase oral canibalística. Outras vezes chupam a bola, deixando-as encharcadas de saliva, realmente estragadas, e até revivem fantasias alucinatórias com o seio.

Com adolescentes e adultos a bola relaxable serve para vivências de sensibilidade, que pode ser de relação de corpo com a mãe, ou de acordo com o momento do grupo, facilitadora da liberação da energia libidinal, liberação de recalques corporais, em massagens ou toques no corpo do outro, feito em duplas. Nestes casos trabalhamos a massagem com a bola de cima para baixo, no rosto, cabeça, nuca, costas, peito, tronco, pernas e pés.

As bolas de espuma têm a mesma finalidade, sendo que ainda podem ser usadas como alternância para o despertar da sensibilidade corporal.

BOLAS DE BORRACHA - Tamanho médio ou grande

Propostas:

* Trabalhar livremente com a bola, jogar a bola como quiser:
  * Trabalhar de pé, andando ou sentados no chão;
  * Trabalhar com bola para o alto, para baixo; mais alto que a cabeça;
* Lançar e receber a bola com as duas mãos. Parados. Caminhando;
* Lançar a bola com uma das mãos e receber com as duas;
* Lançar a bola com uma das mãos e receber com a mesma. Mudar de mão. Parados. Caminhando;
* Lançar a bola com uma das mãos e receber com a outra mão. Parados. Caminhando;
* Quicar a bola com uma das mãos;
* Jogar a bola com movimento de pulso;
* Passar uma bola em círculo — de mão em mão. De braços esticados. Lento, rápido. Num sentido, em outro sentido, com movimento de pulso;
* Bolas leves e pesadas, em círculo, sentado no chão. Passar e receber bolas. Trabalhando com bolas do mesmo tamanho, pesos diferentes, trabalhar de forma que no círculo um fique com a bola leve e outro com a bola pesada;
* Em duas filas (uma de frente para a outra) jogar para o companheiro da frente trocando o peso da bola (isopor, borracha, plástico);
* Em seqüência, em círculo, todos com bolas iguais. Trocar de bola com o outro que está em frente. Quicando, ou sem quicar. Quicar muitas vezes, poucas vezes. Sem fazer ruído. Trocar somente nos tempos fortes de uma cadência. Jogar a bola no centro do círculo;
* Jogar a bola, caminhar ao lado, junto; mais depressa, mais devagar. Caminhar com a bola entre os pés;

* **Em dupla, sentado no chão**, frente a frente: explorar as possibilidades de jogar a bola em dupla;
  Costas x costas: explorar as possibilidasdes de passar a bola de um lado para o outro, pelo alto, pela lateral, pelo chão;
  Em pé: sustentar a bola com a testa, com o queixo, com o peito, com as costas, deslocar-se.
  Quicar a bola com uma das mãos, ora com uma, ora com outra, bem baixo x bem alto;

* **Em grupo:** jogar as bolas simultaneamente e esperar todas as bolas pararem para ir apanhar; (sentados no chão) jogar para que todas parem junto a uma parede (sem retornar);
  Segurar a bola com as duas mãos e caminhar;

Materiais intermediários

Manter a bola entre os joelhos e caminhar;

Manter a bola entre os cotovelos e caminhar;

Jogar a bola no chão com a mão bem perto do chão, ir levantando a mão sem parar de jogar, até que a mão fique acima da cabeça.Trocar a bola de lado do corpo;

Colocar a bola sobre a cabeça e deixá-la deslizar pelo corpo (diversas vezes);

Deslizar a bola com o pé no chão, acompanhando com próprio pé;

Quicar a bola, buscando o uníssono do grupo;

Em círculo, de pé, usando as duas mãos:

- Erguer a bola acima da cabeça. Role-a pelo corpo começando pela cabeça, nariz, boca, queixo, pescoço, cintura;
- Passar a bola em torno da cintura, descer pela perna direita até o pé, passar para a perna esquerda, trazendo a bola de volta pelo mesmo caminho que desceu, até chegar de novo à cabeça;

Em círculo: pegar a bola com as duas mãos e procurar jogar para o outro. Todos ao mesmo tempo;

Em círculo, sentados no chão: deslizar as bolas no sentido horário, no sentido anti-horário;

Em círculo, sentados no chão:

- Passar a bola na seguinte seqüência: acima da cabeça, por trás do corpo, pela frente;
- Repetir algumas vezes no sentido horário, algumas vezes no sentido anti-horário;

Em círculo, deitados no chão:

- Explorar a bola na relação com o corpo;
- Explorar a bola colocando-a no alto das pernas levantadas e deixá-las escorregar pelas pernas;
- Passar as bola de mão em mão por trás da cabeça.

Em círculo, deitado no chão, pés apoiados no chão, colocar uma bola de borracha bem macia ao nível da cabeça (bola murcha). Deitar sobre a bola. Deslocar a bola da cabeça ao cóccix, deixando-a sair entre as pernas. Ajudar o deslocamento com as mãos e movimentos de pernas e corpo arrastando no chão.

- **Em dois grupos:** bolas grandes e pequenas. Caminhar um grupo: bolas grandes, jogar no chão; bolas pequenas, jogar para o alto. Trocar.

HEMI-BOLA

É uma meia bola de futebol americano, maciça, de silicone macio. O objetivo é promover conscientização corporal e auxiliar no relaxamento.

A criança prefere brincar com as hemi-bolas quer jogando, quer usando-as como seios, nádegas ou barriga, facilitando através do lúdico o depertar do inconsciente em fantasias orais e anais. As hemi-bolas também podem intermediar a relação, unindo dois corpos pelas costas, pela testa, pelo tórax, cada um com a sua hemi-bola.

Em geral, os grupos frente a propostas neste nível riem e brincam muito porque surge a ansiedade, junto das sensações em um corpo reprimido pelo social. As fantasias corporais sexualizadas surgem como material para ser trabalhado. O corpo em nossa sociedade é proibido de revelar seus desejos, necessidades, prazer, e nestas vivências o reprimido vem à tona encoberto por chistes, risos, sudorese excessiva nas mãos, que pode representar a ansiedade pelo desejo não realizado. Os risos tentam negar a ansiedade. Muitas vezes a sudorese refere-se à ansiedade persecutória que o momento evoca.

O emprego das hemi-bolas ao nível do pescoço, como auxiliar do relaxamento, é de extrema importância. O pescoço corresponde à região cervical da coluna onde as pessoas acumulam em geral suas tensões, abriga a laringe, as cordas vocais que vibram na expiração e criam a voz humana.

Esta área do corpo é conhecida como a região da responsabilidade, da manifestação, do controle dos afetos e da carga agressiva impedida de ser externalizada no social. É comum a voz rouca, a disfonia em pessoas que acumulam tensões e agressividade. A voz é a presença do ser em sua plenitude, pois a voz exprime ternura e agressividade.

A repressão corporal localizada ao nível da cervical desencadeia tensão, e se expressa somaticamente em enjôos, vertigens, diminuição de defesas orgânicas das vias aéreas superiores.

Trabalhar com a hemi-bola como objeto intermediário ao nível cervical é extremamente importante, porque permite o relaxar, o reconhecimento da sensação de gozo, abrindo possibilidades à sexualidade.

Em nível psicanalítico, o pescoço, a região cervical conflituada contém em si o canal da nutrição, ligadas às questões maternais malresolvidas. A relação materna é fundamental na sexualidade, no encontro da identidade de cada um.

Propostas:

DEITADO EM DECÚBITO DORSAL - Hemi-bola na região da nuca
- Girar a cabeça para um lado, para o outro, massageando esta região;
- Movimentar a cabeça, escrevendo palavras com a ponta do nariz no ar;
- Movimentar a cabeça para frente x para trás;

DEITADO EM DECÚBITO DORSAL - Sola dos pés apoiada no chão
- Colocar a hemi-bola na região sacra (entre a cintura e o cóccix) com a parte plana encostada no corpo. Balançar o corpo procurando relaxar a região sacra;
- A mesma proposta anterior, trazendo as pernas dobradas, joelhos em direção ao peito. Balançar o corpo para a direita, para a esquerda, para frente, para trás;
- A mesma proposta nº 4, trazendo os joelhos dobrados em direção ao peito. Segurar as pernas com as mãos. Balançar o corpo para a direita e para a esquerda;

DEITADO EM DECÚBITO VENTRAL
- Hemi-bola colocada na região do diafragma, mãos apoiando a cabeça. Massagear

Materiais intermediários   *151*

a região balançando o tronco de um lado para o outro;
- Hemi-bola colocada na região do externo (tórax). Sentir a região do externo apoiada no material;
- Em pé: dispor hemi-bolas no chão, com a parte plana para o alto. Fazer um círculo e caminhar sobre as hemi-bolas;
- Ao som de tema musical, caminhar com a hemi-bola e procurar uma hemi-bola que se encaixe com a sua. Fazer movimentos com os braços.

Cada terapeuta deve criar propostas de acordo com a necessidade de seu grupo, seu movimento emocional, sua faixa etária.

BAMBU

Em Ramain-Thiers, os bambus são utilizados para propostas corporais onde são muito trabalhados a sola do pé, os dedos do pé, o metatarso, o arco plantar e o calcanhar. Serve para trabalhos de base em que o pé representa o apoio do corpo, simbolicamente a segurança, estabilidade em situações mais adversas.

Não é só para trabalhos de base que o bambu é usado, mas também para a consciência do corpo. Pode ser usado de um lado ou outro do corpo, para percepção de diferenças, tomada de consciência de temperatura, integração.

A experiência corporal com o bambu sob as costas pode fazer o indivíduo remeter-se a situações emocionais de muito desequilíbrio, em alguns casos a vivências de perda de energia, desvitalização, caso haja comprometimentos maiores, neste momento de vida. O bambu possui um calor próprio e mantém com o corpo uma troca dinâmica energética.

No histórico do bambu sabe-se que no Japão ele é considerado uma planta de boa sorte. A dualidade do bambu macho e bambu fêmea é um símbolo de amor e união conjugal. Já entre os povos do sudoeste de Camarões o bambu representa alegria de viver sem doença, sem preocupação.

Propostas:
As propostas de bambu são semelhantes àquelas que se fazem com a bola de squash, bola de silicone ou tênis.

O bambu com crianças deve ser usado com outra natureza de proposta. Por exemplo, utilizá-lo como obstáculo, como circuitos, de uma forma lúdica.

LIXA, ALGODÃO, PAPÉIS CELOFANE, FLORES SECAS e NATURAIS, LADRILHOS, ALFINETES DE MAPA etc...

São materiais exclusivamente para trabalho de sensibilidade tátil.
A imagem mental que cada um faz de si dá-se pela conscientização do esquema

corporal (partes sentidas) através das sensações profundas e superficiais. Sensações profundas estão vinculadas a músculos, ossos, articulações e sensações táteis oriundas da pele, superficiais, fontes informantes do mundo circulante.

Segundo Anzieu, "o eu-pele encontra sua sustentação em 3 funções da pele: a 1ª é a que guarda no seu interior o bom, o pleno, que o aleitamento e o banho de palavras acumularam. A pele, 2ª função, é a superfície que marca a barreira que protege das voracidades e agressões procedentes do outro. A pele, enfim, 3ª função com a boca, é o lugar de intercâmbio do outro. Desta origem epidérmica e proprioceptiva o eu herda a dupla possibilidade de estabelecer barreiras (mecanismos de defesa psíquicos) e filtrar as trocas do Id, Superego com o mundo extermo" (*O Eu-pele*, p. 45).

A pele serve portanto como agente internalizante do limite, de estruturas superegóicas indispensáveis à vivência em sociedade. É também através do contato de pele que restabelece a relação mãe x filho.

Em Ramain-Thiers trabalhamos as sensações profundas ligadas a ossos, articulações, e intensamente a sensibilidade através de toda a gama de possibilidade de propostas de pele. Ramain-thiers, através desta forma de atuação no *setting*, facilita que patologias graves possam emergir e possam ser tratadas dentro de um contexto global.

A questão do limite é muito grave, exatamente porque o grande problema de nosso povo, neste momento histórico-social, é a falta de limite.

A experiência mostra que se pode trabalhar com populações mais desfavorecidas como os delinqüentes juvenis e os menores carentes obtendo-se resultados bons, no momento em que, na alternância de propostas, seja dada ênfase à sensibilidade da pele: porque desperta recalques corporais vinculados à carência de maternagem e estabelece consciência de limites, relação com a função paterna.

Propostas:
Toda a gama de criatividade de cada terapeuta frente ao seu grupo.

PLAQUETAS DE ESPUMA RÍGIDA

São retângulos de espuma rígida de 20 cm x 15 cm, de 4 cores (rosa, azul, amarelo e verde).

As plaquetas servem como material intermediário para a revivência de situações lúdicas no *setting*. É intermediário para propostas de psicocinética. Serve de apoio à base da cabeça para relaxamentos.

Cabe agora explicar a importância do trabalho ao nível do sacro. A representação simbólica é a do despertar desejo sexual. As plaquetas são só intermediárias. O trabalho em nível do diafragma também é de extrema importância porque desbloqueia o fluxo de energia libidinal acumulada, assim como o trabalho em nível das omoplatas e externo abre possibilidades afetivas, respiratórias, que correspondem às trocas com o mundo: introjeção x projeção.

Propostas:
Espalhar as plaquetas no chão.

- Caminhar entre as plaquetas;
- Caminhar contornando cada plaqueta, fazendo uma forma geométrica com os passos;
- Pisar com os dois pés sobre a plaqueta, deslocar um pé:
  - para frente, voltar,
  - para o lado, voltar,
  - para trás, voltar,
  - repetir para o outro lado.
- Pisar com um pé sobre a plaqueta e outro no chão; sentir a diferença:
  - de altura,
  - de textura,
  - de temperatura.
- Codificar movimentos x cores:

  Ex.: Azul - movimento de cabeça,
  Verde - bater 3 palmas,
  Vermelho - ficar na ponta dos pés,
  Amarelo - abaixar-se de cócoras e levantar
  Propor deslocamento.

Posição: apoio do corpo nos joelhos e mãos (engatinhando).
- Colocar uma plaqueta sob cada mão. Cada um com uma cor, deslocar-se pelo espaço engatinhando, deslizando as plaquetas. Trocar sempre que encontrar um outro.
- Colocar duas plaquetas à frente, superpostas.
  Fazer movimento de abaixar a cabeça e apoiar a cabeça nas plaquetas, ao mesmo tempo que eleva o tronco e abaixa. Voltar à posição inicial.

Posição: deitado no chão em decúbito dorsal, pés apoiados no chão.
- Colocar duas plaquetas sob a cabeça e mexer a cabeça lentamente, para a direita, para a esquerda, para baixo, para o alto.
- Colocar duas plaquetas superpostas ao nível das omoplatas; ficar apoiado, sentir a sensação de abertura do tórax.
  Aumentar a altura: colocar 3 plaquetas. Retirar, sentir o apoio do corpo ao chão.
- A mesma proposta ao nível do diafragma. Sentir a região abrindo-se. Retirar e sentir o apoio no chão.
- A mesma proposta ao nível do sacro.
- Com o apoio do corpo (região sacra) sobre as plaquetas trazer as duas pernas dobradas em direção ao peito. Aos poucos ir relaxando as pernas lateralmente (as pernas caem dobradas para os lados). Permanecer, sentir o corpo nesta posição, soltar as pernas, retirar as plaquetas, voltar a sentir o apoio do corpo no chão.

- Trabalhar com 2 plaquetas, uma de um lado do corpo e uma do outro lado. Sentir as diferenças.

Em círculo, sentado no chão :
- Cada um com plaquetas de cores diferentes, aos pares. A cada sinal, trocar as plaquetas no ar, jogando pelo alto, trocando pela mesma cor.
- A mesma proposta, trocando as plaquetas de cores diferentes, jogando pelo alto.
- Utilizando as plaquetas em cantigas de roda tais como Escravos de Jó, Pai Francisco, a fim de marcar o ritmo.
- Cada um levanta-se em seguida e vai ao centro. Colocar a sua plaqueta, superpondo à anterior, procurando colocar em disposição contrária à anterior. Desfazer a pilha, uma a uma, lançando a plaqueta como disco. Esperar a plaqueta parar, recolher.

Em pé, individualmente:
- Posição de partida: pés paralelos, próximos, joelhos flexionados, tronco ereto, plaqueta colocada entre os joelhos (parte posterior).
  - Apertar a plaqueta e soltar, sem deixar cair. Experimentar 2 plaquetas, até 3 plaquetas.
- Mesma posição de partida, uma plaqueta sobre a cabeça:
  - Abaixar o corpo, dobrando os joelhos e não deixar a plaqueta cair. Voltar devagar.
- Em dupla, manter a plaqueta horizontal plana entre 2 corpos sustentando:
  - pelo nariz,
  - pelos ombros,
  - pela testa etc...

Deslocar-se pelo espaço.

3 - AROMAS e ÓLEOS

SolangeThiers
Elisabete Mancebo

A importância do componente olfativo na criança, no seu processo de maternagem, é indiscutivelmente muito significativo.

Crianças em fase muito arcaica de vida são capazes de discriminar o odor de sua mãe, até mesmo quando colocados em situação de testagem, como já foi pesquisado e constatado por inúmeros estudiosos.

No processo de maternagem, o bebê vive também satisfação quando no momento dos cuidados higiênicos feitos através de óleos e loções estes são acompanhados de carícia e palavras de ternura. A pele passa a ser o continente que abriga no corpo as relações plenas de amor. O banho libidinal feito através da relação materna permite à criança descobrir o seu tônus, o prazer, assim como a inadequação do toque áspero, desprovido de afetividade, acumula no corpo sensações desagradáveis, pouco prazerosas. O equilíbrio emocional de cada um vai depender basicamente das relações de vínculo, de pele, de corpo, que o meio lhe ofereceu.

O corpo também é o espaço onde o inconsciente se manifesta, haja vista as manifestações psicopatológicas como a conversão, a somatização, a hipocondria, assim como as perturbações psicossomáticas. Estas podem ter sua origem em uma fase pré-verbal de relação mãe e filho. A lembrança fica impregnada no corpo. É a marca de um tempo de vida muito arcaica.

Em propostas de aromas e óleos os pontos de partida são o tátil e o olfativo. As possibilidades que emergem do contato do material com a pele despertam as lembranças de marcas impregnadas no corpo e liberam componentes afetivos que constituem parte da doença emocional.

Os óleos e aromas no *setting* facilitam a emergência de lembranças que se atualizam na vivência. Podem também ser usados como fortalecimento egóico, reconstrução e reestruturação de relações primitivas.

TEMA MUSICAL

A música está intimamente ligada ao desenvolvimento do ser humano, que desde os primeiros momentos de sua existência realiza experiências com os próprios sons e ritmos. Principalmente os seus sons internos, ouvindo e reconhecendo as batidas de seu coração, o movimento dos seus órgãos internos e, aos poucos, reconhecendo também a sua capacidade criadora.

Desde as épocas mais primitivas, o homem incorporou a música à sua vida, fazendo parte dos rituais, danças, guerra, trabalho, lazer, da sua própria voz.

Ao ser gerado, o homem entra em contato com vários sons no ventre de sua mãe. Sons dele mesmo e sons dos movimentos dos órgãos internos de sua mãe, que têm uma atividade rítmica.

Ao nascer, respira, chora e então, novamente, entra em contato agora com sons externos, do mundo que o cerca. Entra também em contato com as vozes, os ritmos e a sua própria voz — o choro.

Ao se desenvolver, vai acrescentando mais sons, começando a brincar com a voz - balbucio. Assim, aos poucos, crescendo, ouve ao embalar-se no colo de sua mãe acalentado por cantigas de ninar, o canto suave, que tranqüiliza e conduz o bebê ao estado de plenitude e relaxamento. Portanto a música se apresenta na vida do homem mesmo antes de ele se tornar homem.

Na música temos o ritmo-fisiologia- motor, a melodia-afetividade e a harmonia-inteligência

A melodia, do grego *melos*, canção, é sucessão de sons musicais combinados, cujo efeito agrada ao ouvido.

O ritmo, do grego *hytmus*, movimento igual e simétrico, é a ordem do movimento, que dá acentuação à frase musical, imprimindo prolongação diversa aos sons, e geralmente guardando a simetria.

A harmonia — combinação de sons — é o conjunto de sons combinados simultaneamente à melodia.

A música para o leigo é um fenômeno acústico, um som; para o teórico é o encontro da melodia, ritmo e harmonia; e para quem verdadeiramente ama é o desdobrar das asas da alma, o despertar e a realização de todos os sonhos e anseios.

Ao trabalhar com a música, palavra, sons, em Ramain-Thiers, estamos proporcionando ao indivíduo uma redescoberta, uma representação de suas mais primitivas manifestações, suas emoções, buscando o despertar dos seus desejos e do que foi desejado e esperado dele, enfim despertando no indivíduo as suas mais íntimas vivências, possibilitando a integração de conteúdos ainda desconhecidos, inconscientes, e saber de si.

A música possibilita os movimentos e facilita a expressão de sentimentos que brotam de dentro do indivíduo. Ela rege o homem e é em si próprio que ele aprende. Ela supõe um acordo da alma e do corpo, uma harmonia das faculdades da alma e dos elementos constituídos do corpo.

É através da música que buscamos atingir a intimidade de um indivíduo ou de um grupo, porque ocorre uma linguagem dos movimentos expressados, ocorre uma manifestação de energia que provém de todo o ser e permite a sua integração.

A comunicação e a expressão que se dá ao entrar em contato com a música desperta sentimentos muito antigos e se transforma, em cada indivíduo, de acordo com a sua história de vida, em associações. O inconsciente reproduz na expressão corporal os sentimentos, afetos vividos, simbolizando nossos arquétipos sonoros, nossa vivência sonora intra-uterina, do nascimento, da infância, até a atualidade de cada um. Portanto é a identificação sonora que se dá em cada indivíduo que o transportará às suas reminiscências e abrirá os canais para a sua integração, na tentativa de resgatar experiências da vida intra-uterina. Assim podemos ilustrar que tanto músicas e sons calmos como os sons agitados permitem na criança e no adolescente, ou seja, nos indivíduos, capturar e reconhecer sons algum dia conhecidos.

Em psicanálise, a idéia de que a penetração é a fonte de prazer e desprazer nos traduz que a penetração da música em cada indivíduo, pelos póros de sua pele, pelos seus

Materiais intermediários 157

ouvidos, transformará em libido, aquecendo ou gelando, envolvendo ou lavando a emoção ligada às fases de sua vida. Essas emoções tendem a manifestações rítmicas, a repetições constantes, a associações que, clarificadas, pontuadas, interpretadas, traduzirão a personalidade do indivíduo, ou seja, o ser no mundo.

Com o corpo, captamos a música. A mágica de envolvimento está ligada aos ritmos manifestados que ressoam a afetividade e permite aos indivíduos reencontrarem fontes de vida motora, mental e afetiva.

Assim, a música ligada ao movimento corporal contribuirá para ajustar e adaptar no tempo e espaço-limite, aceitar o outro, estabilizar, liberar tensões, liberar o inconsciente, colaborar para a maturidade emocional, trabalhando na transferência e resistência, transformando o que ouve em movimentos — atuação — e entendendo o que está acontecendo — elaboração.

Propostas:

• Deitado, ouvir os sons de seu próprio organismo.

• Deitado, ouvir os sons naturais que surgem da natureza — vento, chuva, ondas do mar, vozes dos animais.

• Deitado, ouvir sons produzidos por objetos motores em geral, campainhas, sinos, ruídos de eletrodomésticos, buzinas, carroças, transportes em geral.

• Sentado, fazer movimentos calmos com os braços, com tema musical instrumentado tranqüilo (ex: oboé, violinos, sinos, sons de cachoeira, rios, mar, pássaros).

• Com o mesmo tipo de tema musical, criar trabalhos de imaginação.

• De pé, caminhando, criar movimentos fortes, energéticos com tema musical de ritmos acentuados e intensidade crescente — tangos, músicas africanas, boleros.

• Em grupo, trabalhar o lúdico em clima alegre, com movimentos sem muito desgaste de energia. Temas de novela e filmes orquestrados, temas clássicos bem suaves.

• Propostas de relaxamento, deitado ou de pé com olhos abertos, utilizando música de meditação ou ainda solos de viola, violinos, teclados.

• Movimentos com cordas, borrachões, para a liberação da agressividade, com temas musicais clássicos — Mozart, Beethoven, Stravinsky.

• Propostas com instrumentos de percussão, para liberação da agressividade. Ex.: som de atabaque, bastões de madeira de 20 cm (dois para cada membro do grupo).

BIBLIOGRAFIA

ANZIEU, D. *O Eu-pele*, São Paulo, Casa do Psicólogo, 1988.

BAVONE, E.G. e BEATRIZ, R. Enciclopédia prática, Buenos Aires, Editorial Latina, 1971

CHEVALIER, J. e GHEERBRANT, A. *Dicionário de símbolos*, Rio de Janeiro, José Olympio, 1991.

DYCHTWALD. *Corpo e mente*, São Paulo, Summus, 1977.

ELLMERICH, L. *História da música*, São Paulo, Fermata do Brasil, 1977

GUILLARME, J. J.*Educação e reeducação psicomotora*, Porto Alegre, Artes Médicas, 1983.

JUNG, C.G.*Símbolos da transformação*, Petrópolis, Vozes, 1986.

LE BOULCH, J. *Rumo a uma ciência pelo movimento*, Porto Alegre, Artes Médicas, 1987.

LE CAMUS, J.*O corpo em discussão*, Porto Alegre, Artes Médicas, 1986.

MARCHEVSKY "Massagem senso perceptiva — técnica Marchevsky de correção postural", *Revista do Corpo e da Linguagem*, anais IV, Rio de Janeiro, Icobé, 1984

MONTAZU, A. *O tocar — O significado humano da pele*, São Paulo, Summus, 1986

VECCHIATO, M.*Psicomotricidade relacional e terapia*, Porto Alegre, Artes Médicas, 1989.

Finalizando:

"Reduzir o corpo a um conjunto organizado de músculos, ossos, nervos e vasos seria o mesmo que reduzir uma planta a raiz, caule, folhas e flores...

O corpo seria tudo isso e mais: a luz, a seiva, a sombra, o tremor das folhas ao balanço do vento."

Simonne Ramain

Foto 1 / **VOLUME:** Construção de uma casa.

Foto 2 / **O FUNDO DO MAR:**
Criação em grupo a partir do recorte de gregas e uso de material livre.

Foto 3 / **A FAMÍLIA:**
Vivência que inclui trabalho grupal e individual na reconstrução de figuras parentais.

Foto 4 / **BOLAS E HEMI-BOLAS:**
Bolas de borracha, silicone, squash, relaxable e hemi-bolas.

Foto 5 / **MATERIAL INTERMEDIÁRIO PARA TRABALHO CORPORAL:**
Cordas, bambu, plaquetas e saco de areia.

CURRICULUM VITAE REDUZIDO

AUTORES:

I - SOLANGE THIERS

- psicanalista (IBRAPSI) - Instituto Brasileiro de Psicanálise)
- sociopsicanalista (IBRAPSI - Instituto Brasileiro de Psicanálise)
- psicóloga (Federação das Faculdades Celso Lisboa)
- pedagoga (Faculdades Integradas Ciências e Letras Anderson)
- psicomotricista (Sociedade Brasileira de Psicomotricidade)
- técnica Ramain (Chambre de Commerce et Industrie de Paris)
- fonoaudióloga,
- professora primária,
- criadora das obras Ramain-Thiers
    - orientador terapêutico Thiers para crianças - CR
    - orientador terapêutico Thiers para adolescentes - AD
    - orientador terapêutico Thiers para adultos - E
- Diretora do CESIR - Núcleo Ramain-Thiers Ltda., Rio de Janeiro
- Presidente da SBRT - Sociedade Brasileira Ramain-Thiers, antiga ARB- Associação Ramain do Brasil, Rio de Janeiro, 1990/1992, 1992/1994, 1994/1996, 1996/1998
- sócia fundadora da Sociedade Brasileira de Psicomotricidade
- sócia titular da Sociedade Brasileira de Psicomotricidade
- Conselheira da Sociedade Brasileira de Psicomotricidade, 1982/1984
- representante no Brasil do Institut Simonne Ramain, Paris, França, 1976 a 1982
- ex-membro da Equipe Internacional de Formadores Ramain, Association Simonne Ramain Internationale
- ex-Coordenadora Ramain do Brasil
- ex-Coordenadora Geral do Centro de Terapia da Palavra - Unidade II - Município do Rio de Janeiro

II - ANGELA MARIA DE ALBUQUERQUE DUARTE
- psicóloga clínica (Universidade Santa Úrsula)
- psicomotricista
- sociopsicomotricista Ramain-Thiers (CESIR)
- supervisora da Equipe Ramain-Thiers do Rio de Janeiro, São Paulo e Salvador
- membro do Conselho da SBRT - Sociedade Brasileira Ramain-Thiers, antiga ARB - Associação Ramain do Brasil, 1992/1994, 1994/1996, 1996/1998

III - ELAINE THIERS

- psicóloga (Federação das Faculdades Celso Lisboa)
- psicóloga infantil (UERJ)
- pós-graduação em Psicologia Clínica Infantil (UERJ)
- psicanalista (SPAG)
- sociopsicomotricista Ramain-Thiers (CESIR)
- psicoterapeuta de grupo (SPAG)
- economista (UGF)
- supervisora da Equipe Ramain-Thiers do Rio de Janeiro
- membro associado da SPAG - Sociedade Psicanalítica Gradiva, Rio de Janeiro
- membro do Conselho da SBRT - Sociedade Brasileira Ramain-Thiers, antiga ARB- Associação Ramain do Brasil, 1990/1992, 1992/1994, 1994/1996, 1996/1998

IV - ELISABETE CERQUEIRA MANCEBO

- pedagoga (UFF - Niterói-RJ)
- psicóloga clínica (Faculdade de Biologia e Psicologia Maria Thereza - Niterói-RJ)
- sociopsicomotricista Ramain-Thiers (CESIR)
- psicoterapeuta de grupo
- supervisora da Equipe Ramain-Thiers nas cidades: Rio de Janeiro, Vitória, Belo Horizonte
- psicanalista em formação, Instituto Freud, Juiz de Fora, MG
- membro do Conselho da da ARB - Associação Ramain do Brasil, Rio de Janeiro, 1990/1992

V - JUSSARA TEIXEIRA ORLANDO

- psicóloga (CEUB - Centro de Estudos Unificados de Brasília)
- psicodramaticista(CEPB) - Centro de Estudos Psicodramáticos de Brasília)
- sociopsicomotricista Ramain-Thiers (CESIR)
- psicoterapeuta de grupo
- terapeuta familiar
- supervisora da Equipe Ramain-Thiers nas cidades: Brasília, Goiânia

VI - MARIA CRISTINA FACHINNI

- terapeuta ocupacional
- terapeuta corporal
- sociopsicomotricista Ramain-Thiers (CESIR)
- supervisora da Equipe Ramain-Thiers de São Paulo, São Carlos, Assis (SP)

Impressão e Acabamento

Bartira

G r á f i c a
(011) 458-0255